# 할 수 있다!

# 한글

## 2020 기초

# 이 책의 구성

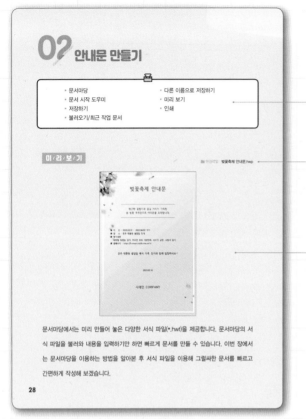

## 학습 포인트 🌿
이번 장에서 학습할 핵심 내용을 소개합니다.

## 준비파일 / 완성파일 🌿
본문에서 실습하는 파일명입니다. 시대인 게시판에서 다운로드받아 사용하세요.

## 미리보기 🌿
학습 결과물을 미리 살펴봅니다.

## 🌿 예제 따라 하기
실생활에서 활용할 수 있는 예제를 순서대로 따라 할 수 있도록 구성하여 누구나 쉽게 이해하고 기능을 습득할 수 있습니다.

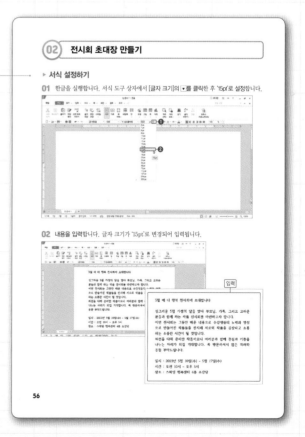

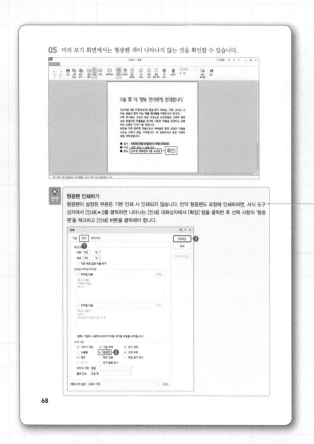

잠깐

본문에서 다루지 못한 내용이나 알아두면
유용한 내용을 설명합니다.

**응용력 키우기**

응용문제를 통해 본문에서 학습한 내용을
정리하고 복습합니다.

**힌트**

응용문제를 푸는데 필요한 정보 또는 방법을
안내합니다.

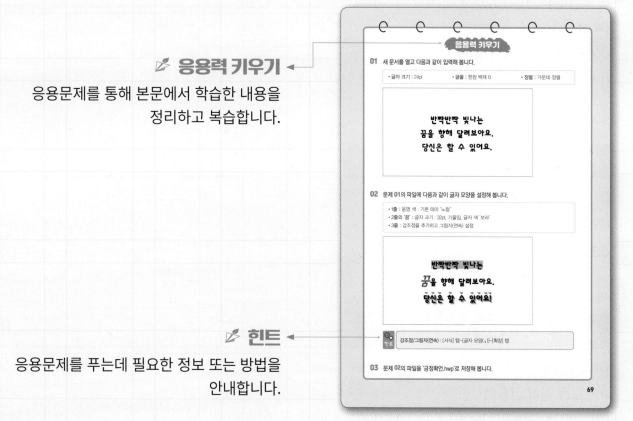

# 이 책의 목차

# 예제파일 다운로드

**1** 시대인 홈페이지(www.sdedu.co.kr/book)에 접속한 후 로그인합니다.

**2** 홈페이지 위쪽의 메뉴에서 [프로그램]을 선택합니다.

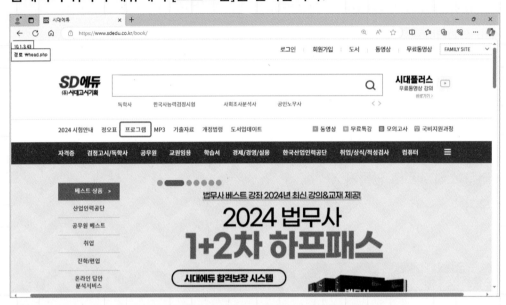

**3** 프로그램 자료실 화면이 나타나면 책 제목을 검색합니다. 검색된 결과 목록에서 해당 도서를 찾아 제목을 클릭합니다.

---

○ 프로그램자료실      ◪ > 자료실 > 프로그램자료실

### 실기, 실무 프로그램 자료실
실기, 실무에 필요한 프로그램을 제공해 드립니다.

제목 ▼ | 한글 2020 기초     🔍

전체 (1)     전체목록   글쓰기

[할 수 있다!] 한글 2020 기초 **N**
발행일 : 2024-03-15    작성일 : 2024-02-21     ⬇ 다운로드

전체목록   글쓰기

해당 페이지가 열리면 [다운로드] 버튼을 클릭합니다. 파일이 다운로드되면 파일을 저장한 폴더로 이동합니다.

압축 해제 프로그램으로 '할수있다_한글2020기초-예제파일.zip' 파일을 해제하면 교재의 준비파일과 완성파일이 폴더별로 제공됩니다.

# 01 안녕! 한글과 친해지기

- ▪ 한글의 개념
- ▪ 한글 시작하고 종료하기
- ▪ 한글의 화면 구성
- ▪ 한글 메뉴/도구 상자
- ▪ 화면 확대/축소
- ▪ 쪽 윤곽 설정하기
- ▪ 키보드 익히기
- ▪ 한컴 타자연습

## 미 / 리 / 보 / 기

한글 2020은 문서를 작성하고 편집할 수 있는 워드프로세서 프로그램입니다. 이번 장에서는 한글 2020을 실행하고 종료하는 방법, 화면 구성과 대화상자 등을 알아보고, 한컴 타자연습 프로그램을 통해 키보드를 익혀보겠습니다.

## 01 한글 시작 전 준비하기

### ▶ 워드프로세서 한글

한글은 우리나라에서 만든 문서 작성을 위한 워드프로세서 프로그램입니다. 처음 출시된 '아래아한글 1.0' 이후 30년 이상 꾸준히 사용자 인터페이스와 편리한 편집 기능이 업그레이드되고 있습니다. 한글은 다양한 서식 문서를 제공하고, 다양한 파일 형식으로 문서를 저장할 수 있어 사용이 편리합니다. 또한, 보안 기능을 강화하여 안전한 문서 관리와 공유가 가능하며, 클라우드 기반의 협업 기능을 제공합니다.

한글 2018, 한글 2020, 한글 2022 등 뒤에 붙는 숫자는 버전을 의미하는데 숫자가 높을수록 상위 버전입니다. 기본적인 사용 방법은 이전 버전을 기반으로 하므로 다른 버전의 사용자도 큰 불편 없이 사용할 수 있습니다. 이 책은 한글 2020을 기준으로 한글 기능과 작성 방법을 학습합니다.

### ▶ 한글 2020 시작하고 종료하기

**01** [시작(⊞)]-[한글 2020]을 클릭합니다.

더블 클릭해서 실행해도 됩니다.

**02** [새 문서]를 클릭합니다.

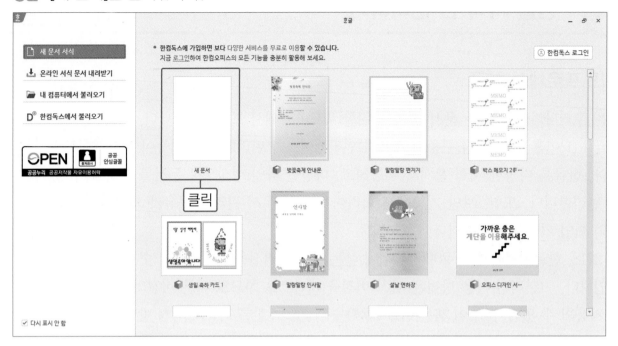

**03** 한글이 실행되었습니다. 한글을 종료하려면 [닫기(✕)]를 클릭합니다.

**잠깐**

**두 가지 ✕ 버튼**

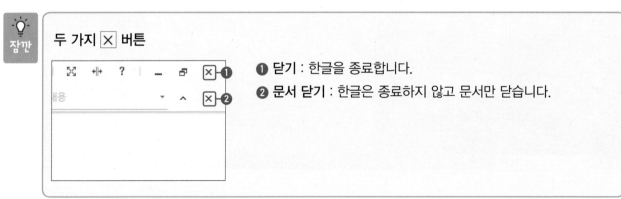

❶ 닫기 : 한글을 종료합니다.

❷ 문서 닫기 : 한글은 종료하지 않고 문서만 닫습니다.

## ▶ 한글 2020의 화면 구성 알아보기

한글 2020의 기본적인 화면 구성과 각 도구의 명칭과 기능을 알아봅니다.

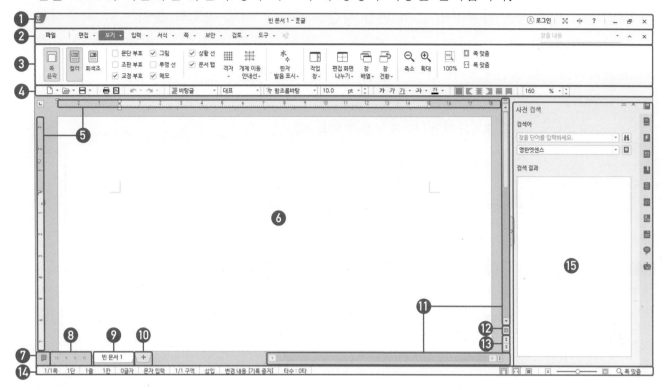

❶ **제목표시줄** : 현재 작업 중인 문서의 파일 이름과 경로가 보이고, 제어 아이콘과 창 조절 단추가 있습니다.

❷ **메뉴표시줄** : 한글에서 사용하는 메뉴를 비슷한 기능별로 묶어 놓은 곳입니다.

❸ **기본 도구 상자** : 각 메뉴에서 자주 사용하는 기능을 그룹별로 묶어 놓은 곳입니다.

❹ **서식 도구 상자** : 문서 편집 시 자주 사용하는 도구를 아이콘으로 묶어 놓은 곳입니다.

❺ **가로/세로 눈금자** : 눈금자는 가로/세로의 위치나 너비와 높이를 파악하기 쉬워 세밀한 작업에 편리합니다.

❻ **편집 창** : 텍스트나 이미지 등 내용을 넣고 꾸미는 작업 공간입니다.

❼ **문서 탭 목록** : 사용 중인 문서 탭 목록을 보여 줍니다.

❽ **탭 이동 아이콘** : 여러 개의 탭이 열려 있을 때 이전 탭/다음 탭으로 이동합니다.

❾ **문서 탭** : 작성 중인 문서와 파일명을 표시합니다. 저장하지 않은 문서는 파일 이름이 빨간색, 자동 저장된 문서는 파란색, 저장 완료된 문서는 검은색으로 표시됩니다.

❿ **새 탭** : 문서에 새 탭을 추가합니다.

⓫ **가로/세로 이동 막대** : 문서 내용이 편집 화면보다 커서 가로 또는 세로의 내용이 숨겨져 보이지 않을 때, 이동 막대를 이용해 화면을 가로 또는 세로로 이동합니다.

⓬ **보기 선택 아이콘** : 쪽 윤곽, 문단 부호, 조판 부호, 투명 선, 격자 설정 등 보기 관련 기능을 선택할 수 있습니다.

⑬ 쪽 이동 아이콘 : 작성 중인 문서가 여러 장일 때 쪽 단위로 이동하기 위해 사용합니다.

⑭ 상황 선 : 문서의 쪽 수, 커서의 위치, 편집 상태, 타수 등의 정보를 보여 줍니다.

⑮ 작업 창 : 작업 창을 활용하면 문서 편집 시간을 줄이고 작업 속도를 높이는 등 효율적인 문서 작업을 할 수 있습니다. [작업 창 닫기(ⓧ)]를 클릭해 열려 있는 작업 창을 닫을 수 있습니다. 작업 창은 [보기] 탭–[작업 창(🗔)]에서 선택할 수 있습니다.

 잠깐 | 도구 메뉴들은 창의 크기에 따라 다르게 보일 수 있습니다.

## ▶ 한글 2020의 메뉴 살펴보기

서로 관련 있는 기능을 그룹으로 모아 놓은 곳으로 9개의 주메뉴를 살펴보겠습니다.

❶ 파일 : 문서를 새로 만들거나, 열기, 저장, 인쇄 등 파일 관리 작업을 수행하는 메뉴를 제공하며, 별도의 도구 상자를 제공하지 않고 클릭하면 바로 하위 메뉴가 펼쳐집니다.

❷ 편집 : 되돌리기, 오려두기, 복사하기, 붙이기, 찾기, 글자 바꾸기 등 문서 편집 작업에 필요한 다양한 기능을 제공합니다.

❸ 보기 : 화면 크기를 확대/축소하거나 문단 부호, 조판 부호, 그림, 메모 등을 표시하거나 숨기고, 도구 상자, 작업 창, 문서 창, 창 배열 등의 표시 방식을 제공합니다.

❹ 입력 : 문서에 그림이나 도형, 표, 차트 등의 개체를 삽입하는 등의 입력과 관련된 기능을 제공합니다.

❺ 서식 : 문서의 글자 모양, 문단 모양, 문단 첫 글자 장식, 문단 번호 모양 등의 기능을 이용해 글꼴, 글자 크기, 문단 정렬, 줄 간격을 조정하는 등의 서식 작업을 제공합니다.

❻ 쪽 : 편집 용지, 글자 방향, 쪽 테두리/배경, 쪽 번호 매기기 등 문서의 쪽 설정과 관련된 작업을 제공합니다.

❼ 보안 : 문서 암호 설정, 문서 암호화, 전자 서명, 문서 보안 설정 등 문서의 안전성을 위한 보안 기능을 제공합니다.

❽ 검토 : 교정 부호, 변경 내용 추적, 문서 이력 관리, 문서 비교 등의 문서 검토 작업을 수행하는 데 필요한 기능을 제공합니다.

❾ 도구 : 맞춤법, 사전, 번역, 빠른 교정, 한컴 애셋, 메일 머지, 차례/색인, 문서 찾기, 오피스 톡, 환경 설정 등의 다양한 기능을 제공합니다.

## 알아 두어야 할 아이콘

**①** **메뉴** : 각각의 메뉴를 클릭하면 선택한 메뉴의 도구 상자가 메뉴 아래쪽에 나타납니다.

**②** **펼침 단추** : 선택한 메뉴의 하위 메뉴가 아래로 펼쳐집니다.

**③** **전체 화면** : 메뉴, 기본 도구 상자 등이 사라지고 편집 중인 페이지를 화면 전체에 표시합니다. 다시 기본 화면으로 돌아가려면 화면 오른쪽 상단에 있는 전체 화면 닫기 아이콘(⊟)을 클릭합니다.

**④** **크게 보기** : 메뉴, 도구 상자, 상황 선 영역을 크게 배치합니다. 다시 클릭하면 [기본 보기]로 전환됩니다.

**⑤** **도움말** : 도움말 메뉴가 나타납니다.

**⑥** **옆으로 이동** : 창이 축소되면 메뉴 일부가 숨겨지는데, 해당 단추를 클릭하면 숨겨진 메뉴가 나타납니다.

**⑦** **확장 단추** : 이 단추를 클릭하면 서식 도구 상자에서 숨겨진 메뉴가 아래로 펼쳐지면서 나타납니다.

**⑧** **기본 도구 상자 접기/펴기** : ⌃를 클릭하면 기본 도구 상자가 사라지고, 다시 한 번 ⌄를 클릭하면 기본 도구 상자가 펼쳐집니다.

## ▶ 상황 선에서 화면 확대/축소하기

문서 편집 중 화면을 보기 편하게 확대하거나 축소할 수 있습니다. 단, 문서의 실제 크기가 변하는 게 아니라 화면 배율만 조절하는 것이므로 문서를 출력하면 설정한 크기 그대로 인쇄됩니다.

**01** 하단의 상황 선에 있는 [돋보기(🔍)]를 클릭합니다.

**02** [확대/축소] 대화상자에서 배율의 [사용자 정의]를 클릭하고 '185'를 입력한 후 [설정] 버튼을 클릭합니다.

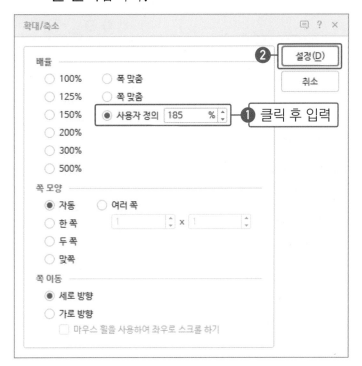

 클릭 후 입력

 배율은 100%, 125%, 150%, 200%, 300%, 500%, 폭 맞춤, 쪽 맞춤 중에서 선택하거나, [사용자 정의]에서 수치를 직접 입력할 수 있습니다.

· **100%** : 편집 화면을 확대하거나 축소하지 않은 실제 크기입니다.
· **폭 맞춤** : 현재 용지의 너비가 문서 편집 창의 화면 너비에 맞춰집니다.
· **쪽 맞춤** : 현재 용지의 한 쪽 분량이 한 화면에 모두 보입니다.

확대/축소는 [보기] 탭–[확대/축소]를 이용하거나, 키보드의 Ctrl + 마우스 휠을 위/아래로 돌려 화면을 확대/축소할 수도 있습니다.

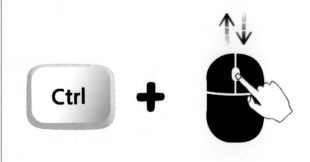

## ▶ 쪽 윤곽 설정하기

[보기] 탭–[쪽 윤곽(▭)]에서는 인쇄하기 전 용지의 여백이나 머리말/꼬리말, 쪽 테두리, 페이지 번호 등이 모두 표시되어 인쇄할 모든 내용과 모양을 화면에서 직접 보면서 편집할 수 있습니다. 만약 [쪽 윤곽]을 해제하면 여백, 쪽 테두리, 페이지 번호 등이 편집 화면에 표시되지 않습니다.

**01** [보기] 탭–[쪽 윤곽(▭)]을 클릭하면 쪽 윤곽이 해제되고 여백이 숨겨져 편집 창만 보이는 상태가 되며 여백 없이 커서의 위치가 맨 위에 위치합니다.

**02** [보기] 탭–[쪽 윤곽(▭)]을 다시 클릭합니다. 여백이 나타나고 쪽 윤곽 보기 상태가 되어 커서의 위치가 여백 아래쪽에 위치합니다.

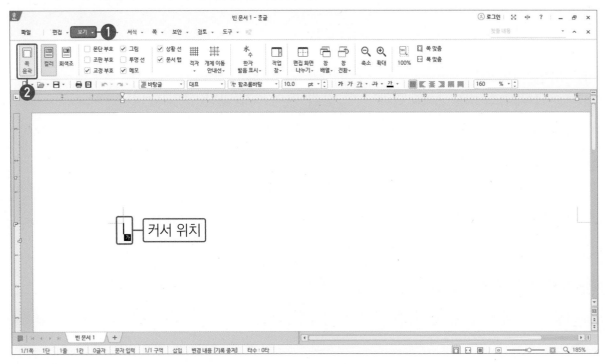

# 02 키보드 구성 익히기

키보드는 문자키, 숫자키, 기능키, 특수키, 방향키, 숫자키 패드, 상태표시등으로 구성되어 있습니다. 문서 작성을 위해서는 키보드의 위치와 기능을 알아두어야 합니다.

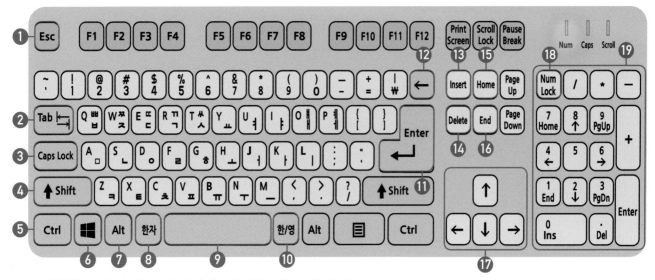

❶ Esc(이에스씨) : 작업이나 선택을 취소합니다.

❷ Tab(탭) : 일정한 간격으로 띄우거나 다음 칸으로 이동합니다.

❸ Caps Lock(캡스 락) : 영문 입력 상태에서 알파벳 대/소문자를 전환합니다(오른쪽 상단의 Caps Lock 표시등에 불이 들어오면 대문자, 불이 꺼지면 소문자로 입력됩니다).

❹ Shift(시프트) : 키보드의 윗글쇠(예 : ㅃ, ㅉ, ㄸ, ㄲ, ㅆ, !, @, #, $, % 등)를 입력할 때 Shift 키를 누른 상태에서 입력합니다. 영문 입력 시 대/소문자가 반전되어 입력됩니다.

❺ Ctrl(컨트롤) : 다른 키와 조합해서 복사, 잘라내기, 붙여넣기 등을 할 때 함께 사용합니다.

❻ ⊞ : 윈도우 작업 표시줄의 시작 버튼을 누른 것과 같습니다.

❼ Alt(알트) : 다른 키와 조합해서 사용합니다.

❽ 한자 : 한글을 한자로 변환할 때 사용합니다.

❾ Space Bar(스페이스 바) : 누를 때마다 한 칸씩 띄어쓰기(빈칸 삽입)합니다.

❿ 한/영 : 누를 때마다 한글/영문 입력 상태를 전환합니다.

⓫ Enter(엔터) : 커서를 다음 줄로 이동해 줄 바꿈을 하거나, 선택한 명령을 실행할 때 사용합니다.

⓬ ← (Backspace : 백스페이스) : 누를 때마다 커서 왼쪽에 있는 글자를 한 글자씩 지웁니다.

⓭ Insert(인서트) : 누를 때마다 삽입/수정 상태로 전환합니다.

⓮ Delete(딜리트) : 누를 때마다 커서 오른쪽에 있는 글자를 한 글자씩 지웁니다.

⓯ Home(홈) : 커서를 현재 줄의 맨 앞으로 이동합니다.

⑯ End (엔드) : 커서를 현재 줄의 맨 뒤로 이동합니다.

⑰ ←, ↑, ↓, → (방향키) : 해당 방향으로 커서나 선택 대상을 이동합니다.

⑱ Num Lock (넘 락) : 키를 누를 때마다 오른쪽 상단의 'Num Lock(넘 락) 표시등'에 불이 꺼지거나 켜집니다.

⑲ 숫자 키패드 : 키보드 오른쪽에 있는 숫자와 기호가 조합된 부분으로 'Num Lock(넘 락) 표시등'에 불이 켜져 있으면 숫자가 입력되고, 불이 꺼져 있으면 방향키로 사용됩니다.

## (03) 한컴 타자연습으로 키보드 익히기

한컴 타자연습은 (구)한컴 타자연습 설치형 버전과 웹에서 바로 사용 가능한 온라인 타자연습이 있습니다. 타자를 처음 하는 사용자를 비롯해 누구나 한컴 타자연습으로 쉽고 재미있게 자리연습, 낱말연습 등을 통해 타자 실력을 향상시킬 수 있습니다. 이 책에서는 설치형 타자연습에 대해 다루겠습니다.

### ▶ 한컴 타자연습 실행하고 자리 연습하기

**01** [시작(⊞)]–[한글과컴퓨터]–[한컴 타자연습]을 클릭합니다.

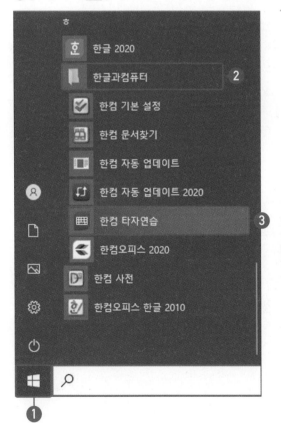

한컴 타자연습 프로그램이 설치되어 있지 않다면, 한글과 컴퓨터(www.hancom.com) 사이트 하단에 [한컴타자]를 클릭한 후 [(구)한컴 타자연습 다운로드]를 클릭해서 다운로드하여 설치합니다. [한컴타자 사이트 바로가기]를 클릭하면 온라인에서 타자연습을 할 수 있습니다.

**02** 한컴 타자연습 프로그램이 실행되면 [혼자하기] 버튼을 클릭합니다.

**03** 사용자 등록을 하기 위해서 [등록] 버튼을 클릭합니다.

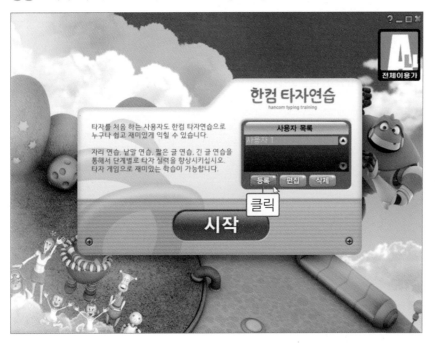

 타자 연습 기록을 남기기 위해 사용자 등록을 해 두면 연습 기록을 이어서 할 수 있고, 목표 타수와 정확
도를 설정하여 연습할 수 있습니다. 사용자 등록을 하지 않고 기본으로 제공되는 '사용자 1'로 시작해도
됩니다.

**04** [정보 등록] 대화상자가 나타나면 '얼굴'의 화살표를 클릭해 캐릭터 얼굴을 설정합니다. 사용자 이름을 입력한 후 목표 타수와 목표 정확도를 설정하고 [확인] 버튼을 클릭합니다. [시작] 버튼을 클릭합니다.

**05** 글자판에 익숙하지 않은 사용자가 제일 먼저 해야 하는 [자리연습]은 글자판의 위치를 익히는 곳으로 단계별 연습이 가능합니다. [1]단계를 선택한 후 [시작] 버튼을 클릭합니다.

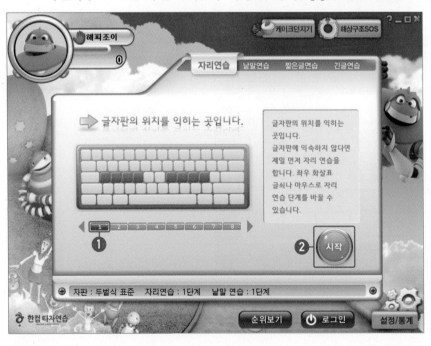

 한글 자리연습은 8단계까지 있으며, 원하는 단계를 클릭해 단계별 연습을 통해 각각 다른 위치의 글쇠를 익힐 수 있습니다.

**06** [자리연습] 화면에 제시되는 파란색의 글쇠 'ㅁ'의 손가락 자리를 주황색으로 화면에 표시해 주는데, 실제 키보드에서 화면과 같은 자리에 손가락을 올려놓고 ㅁ 키를 해당 손가락으로 누릅니다. 정확하게 해당 글쇠를 눌러야 다음 글쇠로 넘어갑니다.

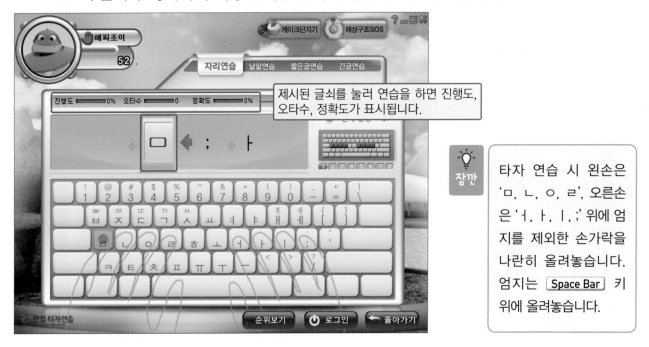

타자 연습 시 왼손은 'ㅁ, ㄴ, ㅇ, ㄹ', 오른손은 'ㅓ, ㅏ, ㅣ, ;' 위에 엄지를 제외한 손가락을 나란히 올려놓습니다. 엄지는 Space Bar 키 위에 올려놓습니다.

**07** 제시된 글쇠를 모두 완료하면 [자리 연습 결과] 대화상자가 나타납니다. 연습 결과를 확인한 후 다음 단계를 연습하려면 [계속]을 클릭하고, 연습을 중단하려면 [그만]을 클릭합니다.

 [자리 연습 결과]에서 정확도가 목표 정확도보다 낮으면 [계속] 버튼을 눌렀을 때 다음 단계로 넘어가지 않고 같은 단계를 다시 연습하게 됩니다.

## ▶ 낱말 연습하기

**01** 자리연습을 통해 글자판의 위치가 어느 정도 익숙해지면 [낱말연습]을 클릭합니다. [1]단계를 선택한 후 [시작] 버튼을 클릭합니다.

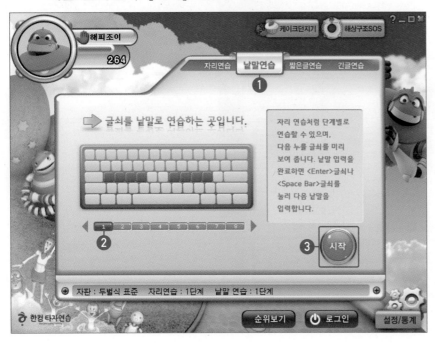

**02** 키보드의 정확한 위치에 손가락을 올려놓고 제시된 낱말을 제시하는 손가락으로 키보드의 키를 누릅니다. 입력이 끝나면 Space Bar (스페이스 바)나 Enter (엔터) 키를 누르고 다음 낱말을 입력합니다.

 제시된 글자를 입력하는 중 오타가 발생하면 글자가 빨간색으로 표시되는데, ← (백스페이스) 키를 눌러 잘못 입력한 글자를 지운 후 다시 입력합니다.

**03** 제시된 낱말을 모두 완료하면 [낱말 연습 결과] 대화상자가 나타납니다. 연습 결과를 확인한 후 다음 단계를 연습하려면 [계속]을 클릭하고, 연습을 중단하려면 [그만]을 클릭합니다.

## ▶ 짧은글 연습하기

**01** [짧은글연습]을 클릭한 후 [시작] 버튼을 클릭합니다.

**02** 파란색 상자 안의 제시된 문장을 입력합니다. 입력 도중에 오타가 발생하면 ⌐←⌐(백스페이스) 키를 눌러 수정합니다. 문장을 입력한 후 ⌐Space Bar⌐(스페이스 바) 키를 누르면 입력 완료한 문장은 위로 올라가고, 다음 문장을 입력할 수 있습니다.

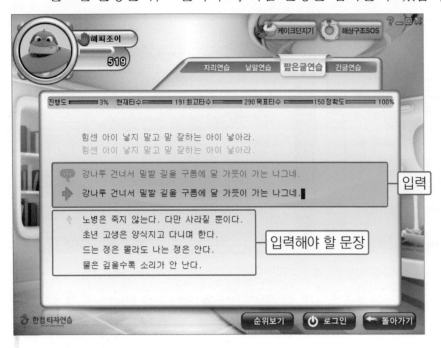

## ▶ 긴글 연습하기

**01** [긴글연습]을 클릭합니다. [긴글 선택] 목록에서 연습할 글을 선택한 후 [시작] 버튼을 클릭합니다.

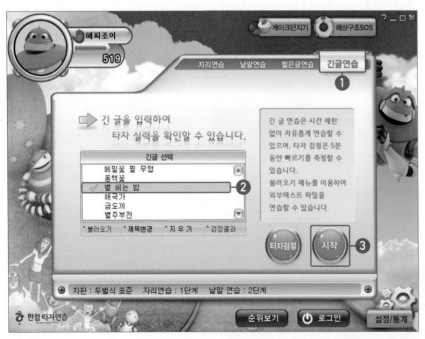

 잠깐

[시작] 버튼 옆의 [타자검정]을 클릭하면 5분 동안 문장을 입력한 후 타자 속도를 확인할 수 있습니다. 어느 정도 타자 연습이 익숙해지면 [타자검정]을 통해 목표 타수를 정해 놓고 꾸준히 연습해 보세요.

**02** 첫 행의 문장부터 입력합니다. 오타는 입력 중인 행에서만 수정할 수 있고, 한 페이지의 문장 입력이 완료되면 연습 결과 창이 나타납니다. 연습을 계속하려면 [계속]을 클릭하고, 연습을 중단하려면 [그만]을 클릭합니다.

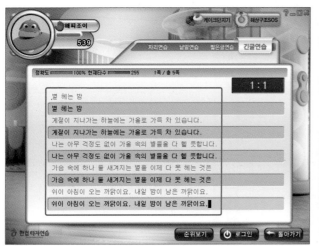 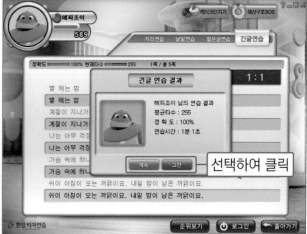

 타자 연습 중 키 입력이 안 되는 경우가 종종 있는데, 이 경우 키보드의 [한/영] 키를 한 번 누른 후 입력해 보세요.

## ▶ 영문 타자 변경하기

한컴 타자연습에서는 키보드의 [한/영] 키를 눌러 한글과 영어를 번갈아 가며 연습하는 것이 아니라 '설정/통계'에서 한글과 영어를 전환해야 합니다.

**01** 한글 타자 연습 중 영문 타자 연습을 하려면 오른쪽 하단에 있는 [돌아가기] 버튼을 클릭합니다.

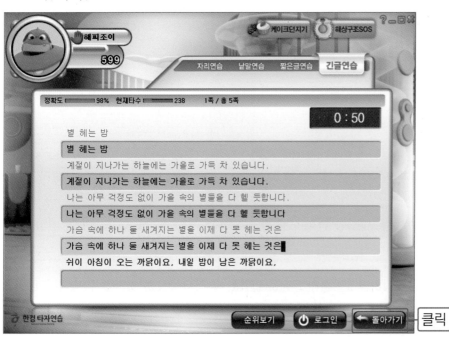

**02** [설정/통계]를 클릭합니다.

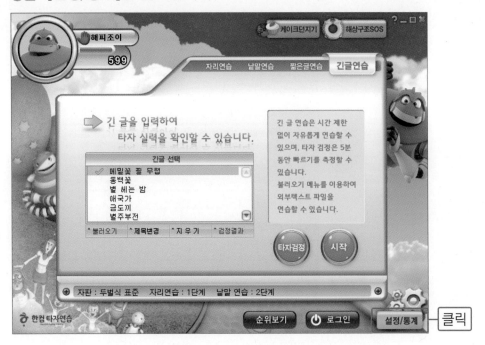

**03** 글자판 선택 옆의 [한글]을 클릭해 [영어]로 변경된 것을 확인한 후 [돌아가기] 버튼을 클릭합니다.

❶ 글자판 선택 : 클릭할 때마다 한글과 영어로 전환됩니다.

❷ 글자판 종류 : 한글은 '두벌식', 영어는 '쿼티' 글자판이 표준 자판입니다.

❸ 소리 : '켜기' 상태이면 키를 입력할 때마다 소리가 납니다.

❹ 반복 누르기 : '켜기' 상태이면 키를 입력할 때 같은 글자가 반복적으로 나옵니다. 반복 입력을 원하지 않는다면 클릭해서 '끄기'로 전환합니다.

**04** 자리연습이 선택된 상태에서 [1]단계가 선택되어 있는 것을 확인한 후 [시작] 버튼을 클릭합니다. 영문 자판으로 전환된 것을 확인할 수 있습니다. 한글 타자와 같은 방법으로 영문 타자도 연습합니다.

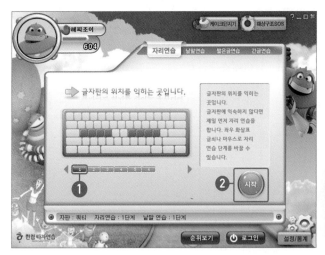 

 영문 타자의 자리 연습은 6단계까지 있습니다. 단계별 연습을 통해 각각 다른 위치의 글쇠를 익힐 수 있습니다.

## ▶ 타자연습 끝내기

**01** 한컴 타자연습을 끝내기 위해 [닫기(✕)]를 클릭합니다. [한컴 타자연습] 대화상자가 나타나면 [끝냄] 버튼을 클릭합니다

 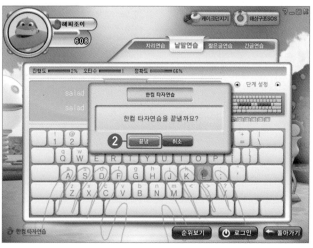

 처음에는 느리고 힘들지만 올바른 손가락 사용으로 꾸준하게 타자 연습을 하면 속도가 빨라지고 오타를 줄일 수 있습니다. 꾸준한 연습이 타자 실력을 쑥쑥 향상시키는 비법입니다.

**01** 한글 타자 연습에서 [케이크 던지기] 게임을 선택하여 게임을 해 봅니다.

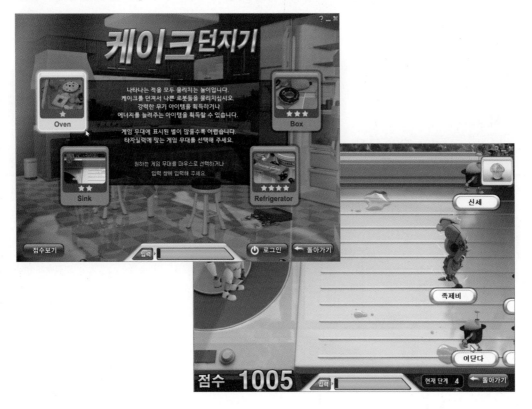

 케이크 던지기는 떨어지는 단어를 빠르고 정확하게 입력하면 요리사가 케이크를 던져서 맞추는 게임입니다. 게임 무대에 설치된 별이 많을수록 어려우니, 타자 실력에 맞는 게임을 선택합니다. 몇 단계까지 도달할 수 있을지 꾸준히 도전해 보세요.

**02** 한글 2020을 실행한 후 다음 문장을 입력해 봅니다.

우리는 평생 학습하는 시대에 살고 있습니다. 매일 매일 조금씩이라도 배우고 노력하는 것이 중요합니다. 하지만 우리는 항상 목표를 크게 설정하지 않아도 됩니다. 작은 목표부터 시작해서 조금씩 노력해나가면 됩니다. 그 과정에서 더 나은 사람이 되고 발전하는 자신을 경험할 수 있습니다.
따라서 항상 할 수 있다는 긍정적인 마음으로 즐겁게 배우고 함께 공감하며 노력하는 자신에게 토닥토닥 칭찬해 주고, 우리에게 주어진 소중한 시간을 알차게 보내야겠습니다.
오늘 하루도 선물이니까요.

 [시작(田)]-[한글 2020]을 클릭한 후 [새 문서]를 클릭합니다.

# 02 안내문 만들기

- 문서마당
- 문서 시작 도우미
- 저장하기
- 불러오기/최근 작업 문서

- 다른 이름으로 저장하기
- 미리 보기
- 인쇄

## 미/리/보/기

 완성파일 : **벚꽃축제 안내문.hwp**

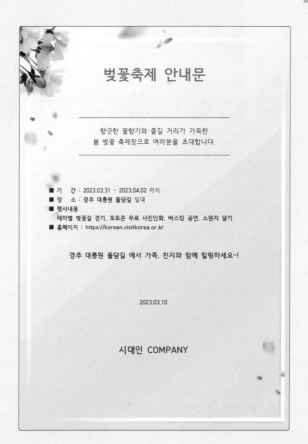

문서마당에서는 미리 만들어 놓은 다양한 서식 파일(*.hwt)을 제공합니다. 문서마당의 서식 파일을 불러와 내용을 입력하기만 하면 빠르게 문서를 만들 수 있습니다. 이번 장에서는 문서마당을 이용하는 방법을 알아본 후 서식 파일을 이용해 그럴싸한 문서를 빠르고 간편하게 작성해 보겠습니다.

# 01 문서마당 실습 | 챌린지 노트 만들기

문서마당에서 제공하는 다양한 서식 파일을 이용하면 초보자도 쉽고 빠르게 문서 작업을 할 수 있습니다. 문서마당에서 '생활 메모장'을 불러와 챌린지 노트를 작성해 보겠습니다.

📁 완성파일 : 챌린지 노트.hwp

## ▶ 문서마당 서식 파일 불러오기

**01** 한글을 실행합니다. 메뉴에서 [파일] 탭-[문서마당]을 클릭합니다.

💡 잠깐 [문서마당]의 바로 가기 키는 Ctrl + Alt + N 입니다.

**02** [문서마당] 대화상자가 나타나면 [문서마당 꾸러미] 탭을 클릭하고, 왼쪽 목록에서 [가정 문서]를 선택하면 다양한 서식 파일들이 나타납니다. 여러 서식 중 '생활 메모장'을 선택하고 [열기] 버튼을 클릭합니다.

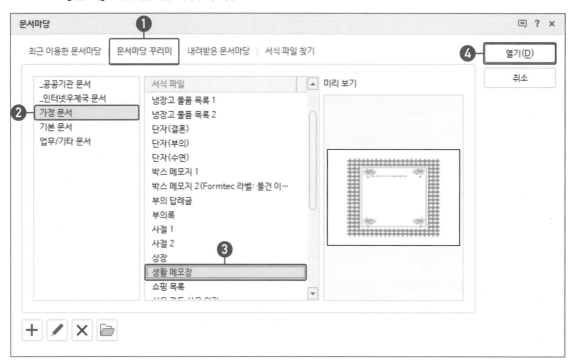

**03** 내용을 입력하기 위해 '*이곳을 마우스로 누르고 내용을 입력하세요.*'를 클릭합니다.

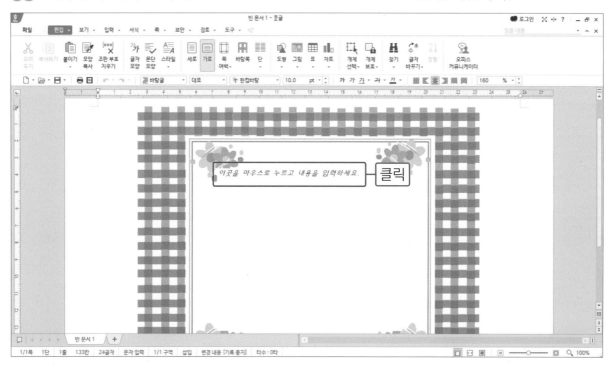

**04** 글자가 사라지고 `,` 안에 커서가 깜빡거리는데 다음과 같이 내용을 입력합니다.

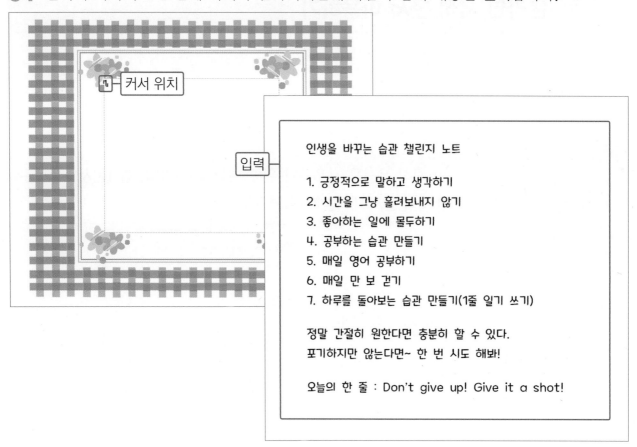

인생을 바꾸는 습관 챌린지 노트

1. 긍정적으로 말하고 생각하기
2. 시간을 그냥 흘려보내지 않기
3. 좋아하는 일에 몰두하기
4. 공부하는 습관 만들기
5. 매일 영어 공부하기
6. 매일 만 보 걷기
7. 하루를 돌아보는 습관 만들기(1줄 일기 쓰기)

정말 간절히 원한다면 충분히 할 수 있다.
포기하지만 않는다면~ 한 번 시도 해봐!

오늘의 한 줄 : Don't give up! Give it a shot!

**05** 다음과 같이 간단하게 문서가 완성되었습니다.

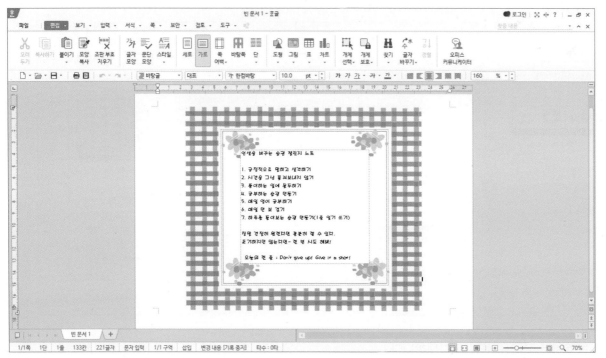

## 02　온라인 서식 문서 이용하기

[문서 시작 도우미]를 이용하면 몇 번의 클릭으로 빠르게 문서를 만들 수 있습니다. 또한 불러오기, 최근 작업 중인 문서 목록에서 필요한 문서를 선택해 편집할 수 있고, [온라인 서식 문서 내려받기]에서는 문서의 썸네일을 클릭해 사용자에게 맞는 문서를 만들 수 있습니다.

**01** 무료로 제공하는 온라인 서식 문서를 사용하기 위해 메뉴에서 [파일] 탭–[문서 시작 도우미]를 클릭한 후 [온라인 서식 문서 내려받기]를 클릭합니다.

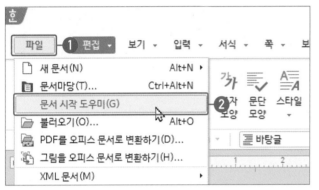 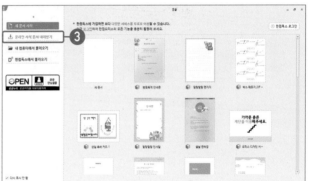

**02** [온라인 서식 문서 내려받기 – 한컴 애셋] 대화상자가 나타납니다.

❶ 각 범주별로 목록을 클릭해 검색합니다.

❷ 각 범주별로 표시되는 키워드를 클릭해서 검색합니다.

❸ 검색어를 입력해 검색합니다.

❹ 썸네일 화면에서 필요로 하는 서식을 클릭해서 내려받을 수 있습니다.

**03** 다운로드할 서식에 마우스를 가져가면 [미리보기(◉)]와 [내려받기(⤓)] 아이콘이 나타납니다. 썸네일을 클릭하면 나타나는 큰 화면에서 **서식 정보와 사용권을 확인**할 수 있고, **[내려받기]** 버튼을 클릭하면 서식이 다운로드됩니다.

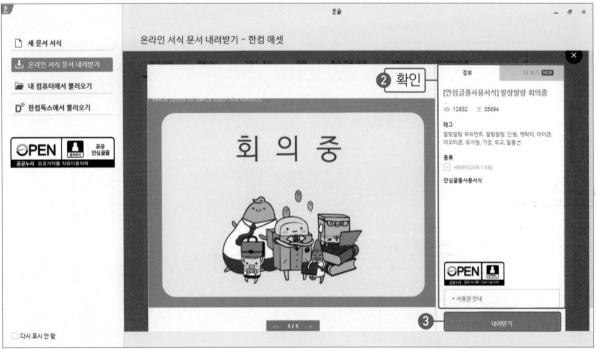

벚꽃축제 안내문 만들기

## ▶ 온라인 서식으로 안내문 만들기

**01** 한글을 실행합니다. 메뉴에서 [파일] 탭–[문서 시작 도우미]를 클릭합니다.

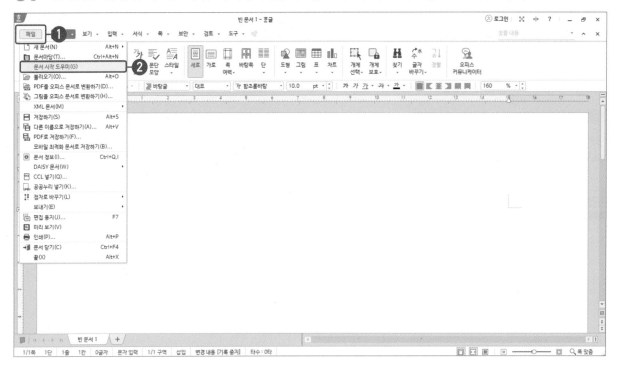

**02** [온라인 서식 문서 내려받기]를 클릭하고 검색창에 '안내문'을 입력한 후 Enter (엔터) 키를 누릅니다.

**03** 검색 목록에서 '벚꽃축제 안내문'을 클릭합니다.

**04** 선택한 서식이 큰 화면으로 나타나면 서식 정보와 사용권을 확인한 후 [내려받기] 버튼을 클릭합니다.

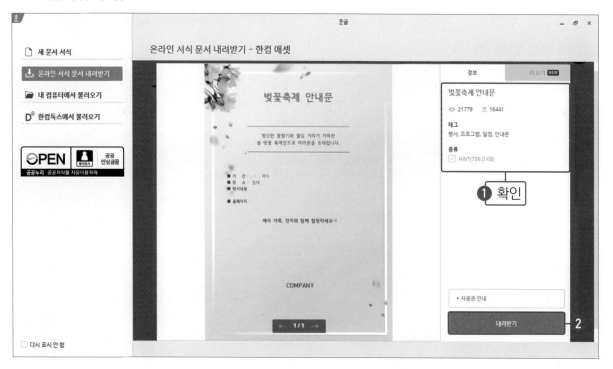

**05** '벚꽃축제 안내문' 서식 파일이 나타나면 기간에 'YYYY' 빨간색 누름틀을 클릭하면 글자
가 사라지고 「 안에 커서가 깜빡입니다. '2023'을 입력합니다. 'MM' 빨간색 누름틀을 클
릭해 '03'을 입력하고, 'DD'를 클릭해 '31'을 입력합니다.

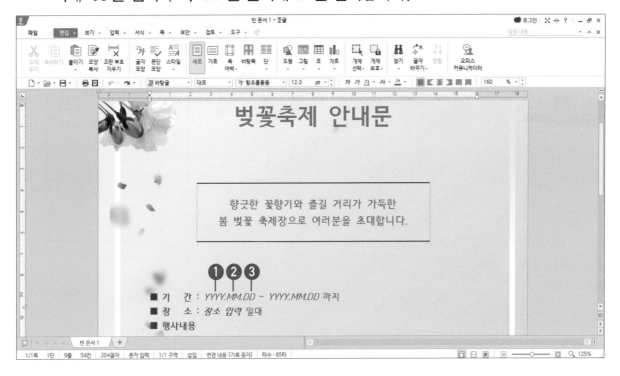

**06** 05와 같은 방법으로 기간을 입력하고 장소, 행사내용, 홈페이지 등 나머지 누름틀을 클릭
해 내용을 **입력합니다.**

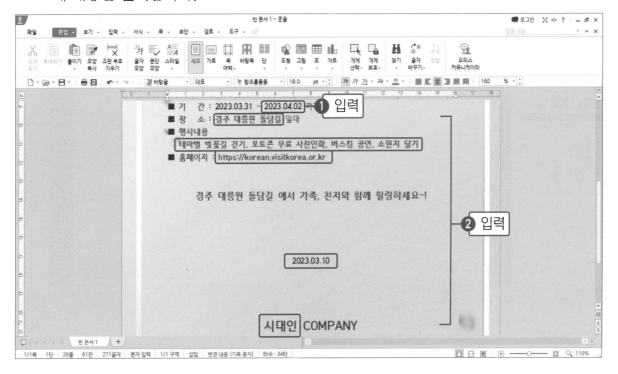

## ▶ 저장하기

**01** 작성한 문서를 저장하기 위해 서식 도구 상자에서 [저장하기(💾)]를 클릭합니다.

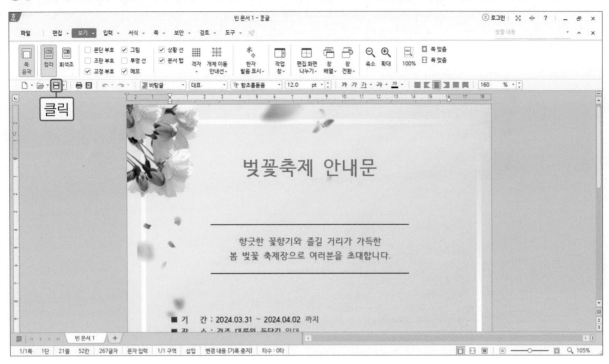

 **잠깐** [저장하기]의 바로 가기 키는 `Alt`+`S` 또는 `Ctrl`+`S`입니다.

**02** [다른 이름으로 저장하기] 대화상자가 나타나면 저장할 폴더의 위치를 설정한 후 파일 이름을 입력하고 [저장] 버튼을 클릭합니다.

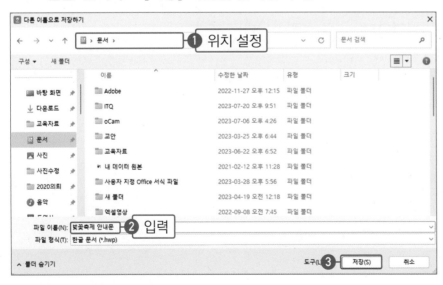

 **잠깐** 문서를 처음 저장할 때 문서의 첫 줄의 내용이 파일 이름으로 자동 설정되는데, 이름을 변경하려면 다시 입력하면 됩니다.

**03** 저장이 완료되면 화면 상단의 제목표시줄과 화면 하단의 문서 탭에 저장된 파일 이름이 표시됩니다. 우측 상단의 [닫기(☒)]를 클릭해 한글을 종료합니다.

💡 한글 문서의 파일 형식은 hwp입니다. 파일 이름이 '벚꽃축제 안내문.hwp'로 표시된 것을 확인할 수 있습니다.

## ▶ 문서 불러와 다른 이름으로 저장하기

**01** 이미 저장된 문서를 불러와 내용 확인, 편집, 인쇄 등을 해 보겠습니다. 한글을 다시 실행한 후 서식 도구 상자에서 [불러오기(📂)]를 클릭합니다.

**02** [불러오기] 대화상자가 나타나면 앞에서 저장한 '벚꽃축제 안내문.hwp' 파일을 저장한 폴더를 설정한 후 해당 파일을 선택하고 [열기] 버튼을 클릭합니다.

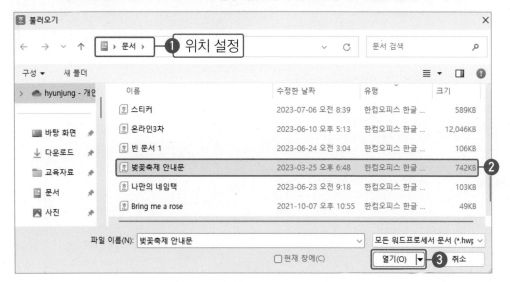

**03** 문서가 실행되면 장소의 '경주 대릉원 돌담길'을 '석촌 호수'로 수정합니다. 다른 이름으로 저장하기 위해 서식 도구 상자에서 [저장하기(💾 ·)]의 ▼—[다른 이름으로 저장하기]를 클릭합니다.

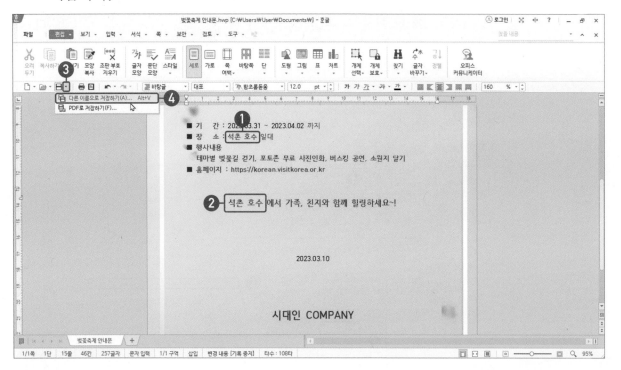

 [파일] 탭—[다른 이름으로 저장하기]를 선택하거나 바로 가기 키 Alt + V 를 눌러도 됩니다.

**04** [다른 이름으로 저장하기] 대화상자가 나타나면 **저장할 위치를 설정**하고 파일 이름을 '벚꽃축제 안내문(석촌호수)'로 변경한 후 [저장] 버튼을 클릭합니다.

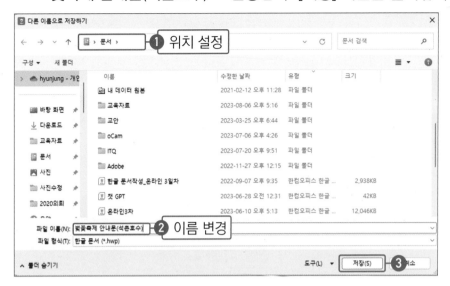

**05** 저장이 완료되면 화면 상단의 **제목표시줄**과 화면 하단의 문서 탭에 변경된 파일 이름이 표시됩니다. 우측 상단의 [닫기(⊠)]를 클릭해 한글을 종료합니다.

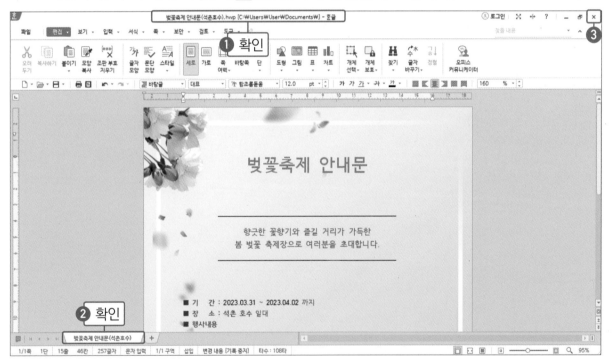

잠깐

- 이미 저장된 문서를 불러와 수정한 후 다시 저장하는 경우 '저장하기'와 '다른 이름으로 저장하기'는 상당히 차이가 있습니다. 저장된 문서를 편집한 후 저장하기를 하면 이전에 작업한 내용은 없어지고 수정한 내용이 덮어쓰기가 됩니다. 만약 처음 저장한 문서와 수정한 문서를 모두 보관할 때는 [다른 이름으로 저장하기]를 선택해야 합니다.
- [다른 이름으로 저장하기]는 파일 이름뿐만 아니라 파일 형식도 변경할 수 있습니다.
- 갑작스러운 오류에 대비해 [도구] 탭–[환경 설정]–[파일] 탭에는 일정한 시간 간격으로 복구용 임시파일을 자동 저장하는 기능이 활성화되어 있습니다. 문서 작성 시 저장은 아주 중요합니다. 수시로 저장해서 시간과 노력을 낭비하는 일이 없도록 합니다.

## ▶ 최근 작업 문서

최근 문서 목록에서 사용하고자 하는 파일을 찾아 실행하면 저장한 폴더의 위치를 모르더라도 빠르게 문서를 불러올 수 있습니다. 메뉴에서 [파일]을 클릭하거나 서식 도구 상자에서 [불러오기(📂·)]의 ▼를 클릭하면 최근 작업 문서 파일이 나타납니다.

**01** 한글을 실행한 후 서식 도구 상자에서 [불러오기(📂·)]의 ▼를 클릭한 후 앞에서 저장한 '벚꽃축제 안내문(석촌호수).hwp' 파일을 선택합니다.

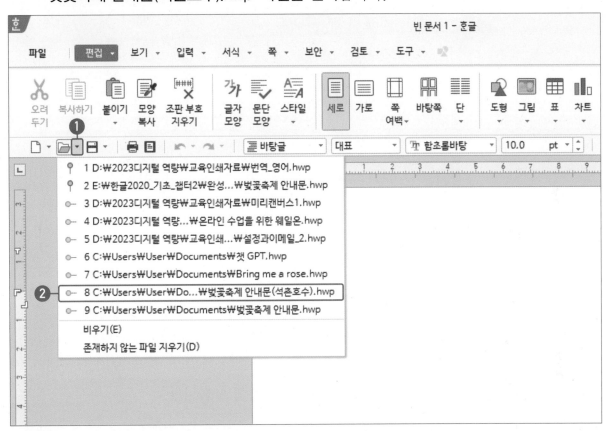

 최근 문서 목록의 개수는 기본적으로 9개까지 보이도록 설정되어 있습니다. 목록의 개수를 변경하려면 상단 메뉴에서 [도구] 탭–[환경 설정]을 클릭한 후 [편집] 탭의 [파일 메뉴에 최근 문서 보이기]에서 숫자를 변경합니다. 체크를 해제하면 최근 작업 문서가 나타나지 않습니다.

**[불러오기(📂·)]의 상세 메뉴**

| 비우기 | 최근 문서 목록이 사라집니다. |
|---|---|
| 존재하지 않는 파일 지우기 | 현재 경로가 바뀌었거나 존재하지 않는 파일을 목록에서 지웁니다. |
| 최근 작업 문서 목록 고정 | [목록 고정 해제(━)] 아이콘을 클릭하면 [목록 고정(📌)] 아이콘으로 바뀌면서 목록이 상단에 고정됩니다. |

## ▶ 인쇄 미리보기

**01** 문서를 프린터로 인쇄하기 전에 미리 보기로 확인해 보겠습니다. 서식 도구 상자에서 [미리 보기(▣)]를 클릭합니다.

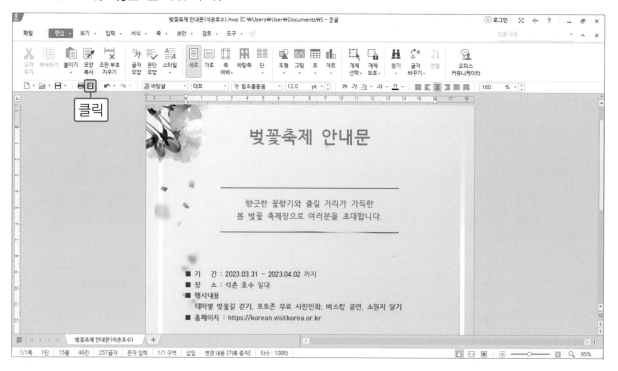

 [파일] 탭-[미리 보기]를 클릭해도 됩니다.

**02** 현재 커서가 있던 쪽의 인쇄될 레이아웃을 화면으로 보여 줍니다. 미리 보기를 끝내고 편집 창으로 돌아가려면 [닫기(→▣)]를 클릭하거나 Esc 키를 누릅니다.

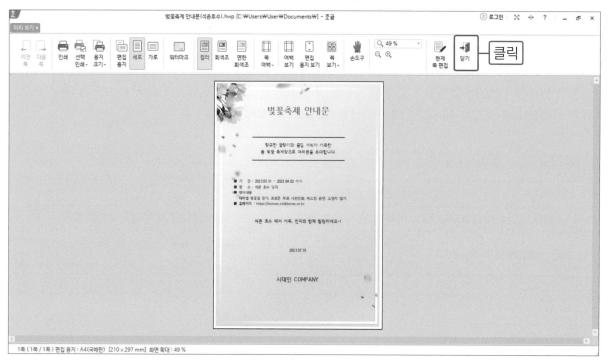

# ▶ 문서 인쇄하기

**01** 현재 문서를 인쇄하기 위해 서식 도구 상자에서 [인쇄(🖶)]를 클릭합니다.

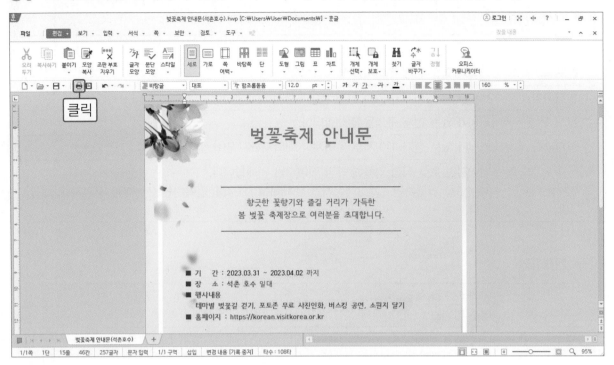

 [파일] 탭-[인쇄]를 클릭하거나 바로 가기 키 Alt + P 를 눌러도 됩니다.

**02** [인쇄] 대화상자가 나타나면 [기본] 탭의 프린터 선택에서 **컴퓨터와 연결된 프린터를 확** 인한 후 인쇄 범위에서 [모두]를 선택합니다. 인쇄 매수에서 필요한 인쇄 매수를 설정하고 [인쇄] 버튼을 클릭합니다.

연결된 프린터 모델에 따라 이름이 다르게 나타납니다.

## [인쇄] 대화상자의 상세 메뉴

■ 인쇄 범위

| 모두 | 현재 문서의 모든 페이지를 인쇄합니다. |
| --- | --- |
| 현재 쪽 | 커서가 있는 현재 페이지만 인쇄합니다. |
| 현재까지 | 1페이지부터 커서가 있는 현재 페이지까지 인쇄합니다. |
| 현재 구역 | 커서가 있는 현재 구역을 인쇄합니다. |
| 현재부터 | 커서가 있는 현재 페이지부터 마지막 페이지까지 인쇄합니다. |
| 일부분 | 페이지 번호를 직접 입력해 해당 페이지만 인쇄합니다.<br>예 1,3을 입력하면 1과 3페이지만 인쇄하고, 2-4를 입력하면 2~4페이지까지 인쇄합니다. |

■ 인쇄 매수

| 매수 | 인쇄 매수를 설정합니다.<br>매수 범위는 1~1000에서 설정합니다. |
| --- | --- |
| 한 부씩 인쇄 | 여러 매를 인쇄할 때 문서의 1페이지부터 마지막 페이지까지 인쇄한 후 다시 처음부터 마지막 페이지까지 인쇄하는 방식으로 인쇄물을 다시 정리하지 않아도 되어 편리합니다.<br>예 1-2-3, 1-2-3, 1-2-3페이지 순서로 인쇄합니다. |

■ 인쇄 방식

| 기본 인쇄 | [자동 인쇄], [공급 용지에 맞추어] 중 선택 가능하며, [자동 인쇄]가 기본값으로 설정되어 있습니다. |
| --- | --- |
| 나눠 찍기 | 큰 종이에 맞추어 편집된 문서를 여러 쪽의 작은 종이에 나누어 인쇄합니다. |
| 모아 찍기 | 설정한 수만큼 공급 용지의 한 면에 축소되어 인쇄합니다. |
| 소책자 모양으로 찍기 | 여러 쪽으로 구성된 문서를 책처럼 용지 한 면에 두 쪽을 인쇄합니다. |
| 끊어 찍기 | 일정한 페이지 수만큼 인쇄한 후 인쇄 여부를 확인하고 멈추었다가 사용자가 Enter 키를 누르면 다시 인쇄를 진행합니다.<br>필요한 분량만큼 나눠 묶을 때 편리합니다. |
| 역순 인쇄 | 문서를 맨 마지막 페이지부터 역순으로 인쇄합니다. |
| 절약 인쇄 | [회색조], [연한 회색조] 중 선택할 수 있으며, [회색조]가 기본값으로 설정되어 있습니다.<br>잉크를 절약할 수 있습니다. |

**01** 문서마당에서 '가훈1'을 불러와서 다음처럼 완성해 봅니다.

━━ 家 訓 ━━

# 시작하라! 꿈은 이루어진다

 [파일] 탭-[문서마당]을 선택한 후 [문서마당 꾸러미] 탭-[가정 문서]에서 '가훈1'을 불러 옵니다.

**02** 문제 **01**에서 완성한 파일을 '[내PC]-[문서]' 폴더에 '가훈.hwp'로 저장해 봅니다.

**03** 온라인 서식 문서에서 '여름휴가 안내문'을 내려받아 다음처럼 안내문을 완성해 봅니다.

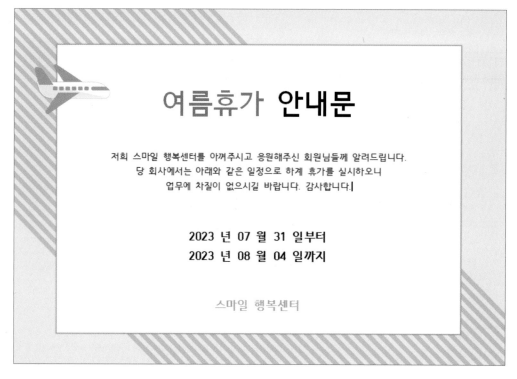

 [파일] 탭-[문서 시작 도우미]를 선택한 후 [온라인 서식 문서 내려받기]에서 '안내문'을 검색합니다.

**04** 문제 **03**에서 완성한 파일을 '[내PC]-[문서]' 폴더에 '여름휴가 안내문.hwp'로 저장해 봅니다.

# 03 초대장 만들기

- 글자 모양 설정하기
- 영어 입력(한/영 전환)
- 한자로 바꾸기
- 문자표 입력하기

- 그림자/강조점 설정하기
- 음영 색/형광색 설정하기
- 밑줄 설정하기

## 미 / 리 / 보 / 기

완성파일 : 전시회초대장.hwp

### 5월 愛 더 행복 전시회에 초대합니다

싱그러운 5월 가정(家庭)의 달을 맞아 부모님, 가족, 그리고 고마운 분들과 함께 하는 **작품 전시회**를 마련하고자 합니다.
이번 전시회는 그동안 배운 내용으로 수강생들의 노력과 열정으로 만들어진 작품들을 전시해 서로의 작품을 감상하고 소통하는 소중한 시간이 될 것입니다.
최선을 다해 준비한 작품이오니 여러분과 함께 관심과 기쁨을 나누는 자리가 되길 기대합니다. 꼭 방문하셔서 많은 격려와 응원 부탁드립니다.

■ 일시 : 2023년 5월 10일(수) ~ 5월 17일(수)
■ 시간 : 오전 10시 ~ 오후 5시
■ 장소 : 스마일 행복센터 4층 소강당

문서 꾸미기의 기본 요소인 글자 모양의 글꼴, 글자 크기, 글자 색 등을 적절히 잘 이용하면 문서의 내용이 훨씬 돋보이고 가독성이 좋아집니다. 음영 색, 강조점, 밑줄 등의 글자 서식으로 강조해 더욱 세련되고 깔끔한 문서를 만드는 방법을 알아보겠습니다.

입력할 내용이나 블록으로 설정한 부분에 글자 모양 서식을 설정할 수 있습니다. 또한 글꼴, 글자 크기, 진하게, 밑줄, 음영 색 등의 다양한 글자 속성을 설정하여 글자를 보기 좋게 꾸밀 수 있습니다. 글꼴, 글자 크기, 음영 색을 설정하여 '하루 한 줄 영어' 노트를 만들어 봅니다.

📁 완성파일 : 영어 노트.hwp

하루 한 줄 영어

<1일>
열심히 일하고, 열심히 놀아요.
Work hard, play hard.

▶ **글자 모양 설정하기**

**01** 한글을 실행합니다. 서식 도구 상자에서 [글꼴]의 ▾를 클릭한 후 '한컴 소망 B'로 설정합니다.

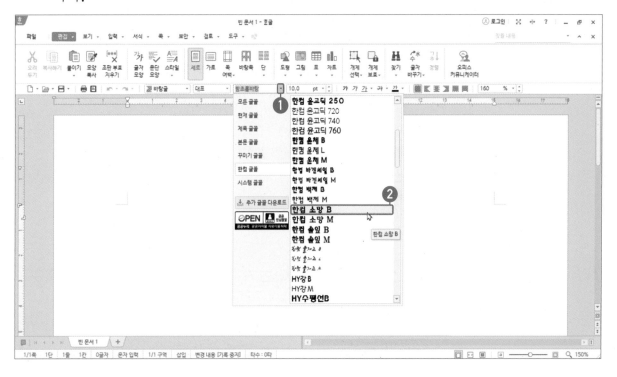

**02** 서식 도구 상자에서 [글자 크기]의 ▼를 클릭한 후 '15pt'로 설정합니다.

**03** 커서가 깜박이는 첫 번째 줄에 다음과 같이 **텍스트를** 입력합니다.

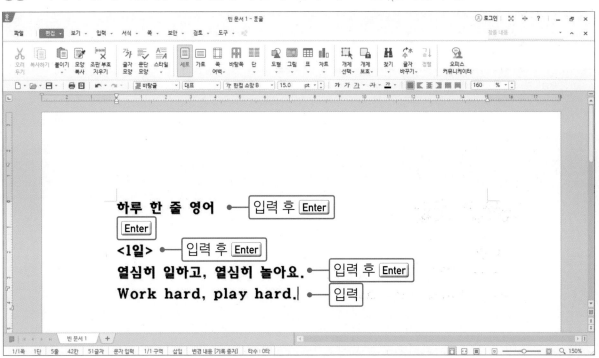

**04** 첫 줄의 문장에 음영을 넣기 위해서 **마우스로 드래그하여 블록을 설정합니다.**

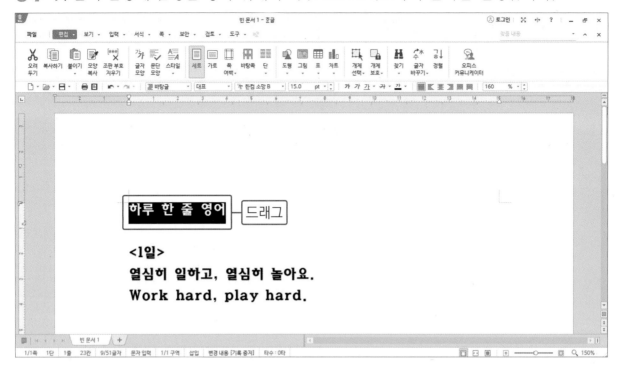

**05** 음영 색을 설정하기 위해 메뉴에서 [서식] 탭─[글자 모양( 가 )]을 클릭합니다.

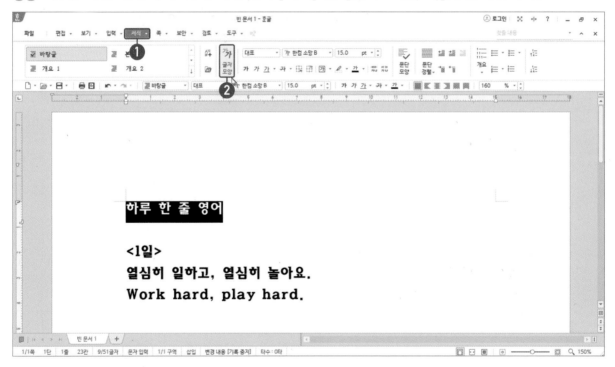

**06** [글자 모양] 대화상자가 나타나면 음영 색을 클릭해 기본 테마의 '노랑'을 설정한 후 [설정] 버튼을 클릭합니다.

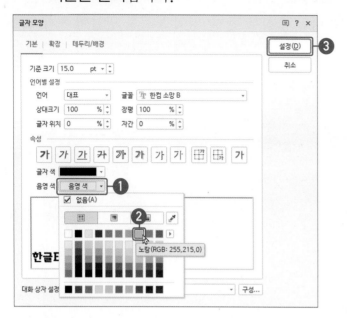

• [글자 모양]의 바로 가기 키는 Alt + L입니다.
• [글자 모양] 대화상자를 이용하면 서식 도구 상자에 없는 장평과 자간, 그림자, 외곽선, 첨자, 음영색, 강조점 등의 더 많은 속성을 설정할 수 있습니다.

**07** 블록을 해제하기 위해 Esc 키를 누릅니다.

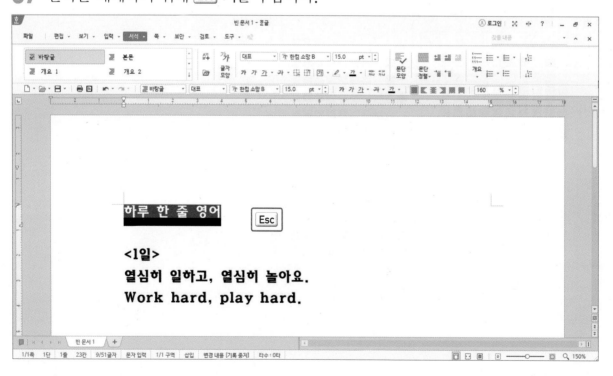

**08** 음영 색이 적용된 것을 확인합니다. 서식 도구 상자에서 [저장하기(🖫)]를 클릭한 후 [다른 이름으로 저장하기] 대화상자가 나타나면 파일 이름을 '영어 노트'로 입력하고 [저장] 버튼을 클릭합니다. 매일 한 문장씩 입력해 나만의 하루 한 줄 영어 노트를 만들어 보세요.

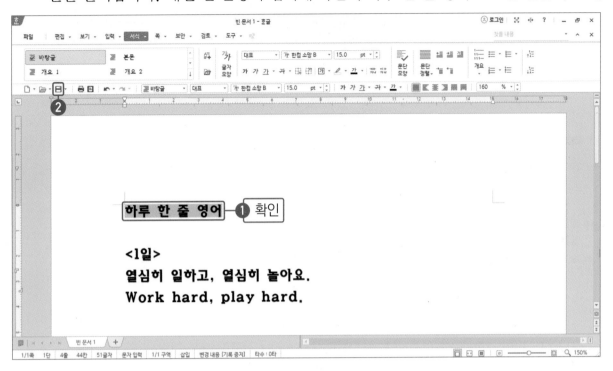

글자 색과 음영 색은 ❶ 테마 색, ❷ 팔레트, ❸ 스펙트럼, ❹ 색 골라내기를 활용해 설정할 수 있습니다. [테마 색]의 ▸를 클릭하면 다양한 테마 색상표가 나타납니다.

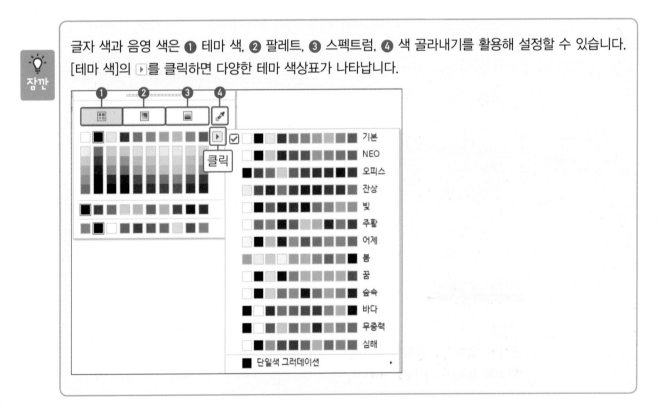

## ▶ [글자 모양] 대화상자 살펴보기

메뉴에서 [서식] 탭-[글자 모양( 가 )]을 클릭하면 [글자 모양] 대화상자가 나타납니다.

**①** **기준 크기** : 글자의 크기를 작게 줄이거나 크게 변경합니다.

**②** **언어** : 대표, 한글, 영문, 한자, 일어, 외국어, 기호, 사용자 중에서 선택해 글꼴을 설정할 수 있습니다, [대표] 글꼴은 서로 어울리는 글꼴끼리 모아 놓은 것입니다.

**③** **글꼴** : 언어별 글꼴을 설정합니다.

**④** **상대크기** : 기준 크기를 먼저 설정한 후 한글, 영어, 한자 등 언어별로 서로 다른 글자의 크기를 균일하게 설정할 수 있습니다.

**⑤** **장평** : 글자의 크기는 그대로 유지하면서 글자의 가로 폭을 줄이거나 늘려서 글자 모양에 변화를 줄 수 있습니다.

**⑥** **글자 위치** : 글자의 기준선에서 글자를 위나 아래로 움직여 위치를 조절합니다.

**⑦** **자간** : 글자와 글자 사이의 간격을 조절합니다.

**⑧** **속성** : 진하게, 기울임, 밑줄, 취소선, 외곽선, 그림자, 양각, 음각, 위 첨자, 아래 첨자 등의 아이콘을 클릭해 다양한 글자 속성을 설정합니다.

**⑨** **글자 색** : 색상표를 클릭하면 나타나는 색상 팔레트에서 글자 색을 설정합니다.

**⑩** **음영 색** : 색상표를 클릭하면 나타나는 색상 팔레트에서 음영 색을 설정합니다.

**글자 속성 살펴보기**

① ② ③ ④ ⑤ ⑥ ⑦ ⑧ ⑨ ⑩ ⑪

가 가 가 가 가 가 가 가 가 가 가

| 속성 | 변경 전 | 변경 후 | | 속성 | 변경 전 | 변경 후 |
|---|---|---|---|---|---|---|
| ❶ 진하게 | 행복 | **행복** | | ❼ 양각 | 행복 | **행복** |
| ❷ 기울임 | 행복 | *행복* | | ❽ 음각 | 행복 | 행복 |
| ❸ 밑줄 | 행복 | 행복 | | ❾ 위 첨자 | X2 | $X^2$ |
| ❹ 취소선 | 행복 | 행복 | | ❿ 아래 첨자 | O2 | $O_2$ |
| ❺ 외곽선 | 행복 | 행복 | | ⓫ 보통 모양 | 행복 | 행복 |
| ❻ 그림자 | 행복 | **행복** | | | | |

## ▶ 블록 설정 방법 살펴보기

문서의 일부를 복사, 이동하거나 한꺼번에 지울 때 또는 글자 모양이나 문단 모양을 바꾸고자 하는 등의 편집 기능이 적용될 범위를 선택하는 것을 '블록'이라고 합니다. 블록을 설정하는 방법을 살펴보겠습니다.

① 드래그 : 블록을 시작할 부분에 마우스 포인터를 위치시킨 후 마우스 왼쪽 버튼을 누른 채 블록으로 설정할 부분의 끝까지 드래그합니다.

> 클릭 후 드래그
>
> 챗GPT란 오픈AI에서 2022년 11월에 출시된 대화형 인공지능 챗봇으로 사용자가 대화창에 텍스트를 입력하면 학습한 내용을 바탕으로 실시간 질의응답, 다국어 번역, 작사나 소설과 같은 창작활동 및 코딩도 가능하여 다양한 분야에서 활용할 수 있습니다.
> 그러나 인종차별이나 혐오 발언, 폭력적인 내용, 사실과 전혀 다른 내용을 사실처럼 꾸며내기도 한다는 취약점도 가지고 있어서 챗GPT 사용 시 적절한 필터링과 모니터링이 필요합니다.

② 더블 클릭 : 낱말을 더블 클릭하면 해당 낱말이 블록으로 설정됩니다.

> 챗GPT란 오픈AI에서 2022년 11월에 출시된 대화형 인공지능 챗봇으로 사용자가 대화창에 텍스트를 입력하면 학습한 내용을 바탕으로 실시간 질의응답, 다국어 번역, 작사나 소설과 같은 창작활동 및 코딩도 가능하여 다양한 분야에서 활용할 수 있습니다.
> 그러나 인종차별이나 혐오 발언, 폭력적인 내용, 사실과 전혀 다른 내용을 사실처럼 꾸며내기도 한다는 취약점도 가지고 있어서 챗GPT 사용 시 적절한 필터링과 모니터링이 필요합니다.
>
> 더블 클릭

③ F3 키 : 블록을 시작할 부분에 커서를 두고 F3 키를 누른 후 블록으로 설정할 부분 끝까지 방향키 ↓를 눌러 설정합니다.

**❶ 클릭 후 F3**

챗GPT란 오픈AI에서 2022년 11월에 출시된 대화형 인공지능 챗봇으로 사용자가 대화창에 텍스트를 입력하면 학습한 내용을 바탕으로 실시간 질의응답, 다국어 번역, 작사나 소설과 같은 창작활동 및 코딩도 가능하여 다양한 분야에서 활용할 수 있습니다. **❷ ↓** 그러나 인종차별이나 혐오 발언, 폭력적인 내용, 사실과 전혀 다른 내용을 자실처럼 꾸며내기도 한다는 취약점도 가지고 있어서 챗GPT 사용 시 적절한 필터링과 모니터링이 필요합니다.

④ Shift 키 : 블록을 설정할 글자의 시작 부분을 클릭한 후 블록을 설정할 끝부분에서 왼쪽에 있는 Shift 키를 누른 채 클릭하면 시작 위치에서 마지막 위치까지 블록으로 설정됩니다.

**❶ 클릭**

챗GPT란 오픈AI에서 2022년 11월에 출시된 대화형 인공지능 챗봇으로 사용자가 대화창에 텍스트를 입력하면 학습한 내용을 바탕으로 실시간 질의응답, 다국어 번역, 작사나 소설과 같은 창작활동 및 코딩도 가능하여 다양한 분야에서 활용할 수 있습니다. **❷ Shift 누른 채 클릭** 그러나 인종차별이나 혐오 발언, 폭력적인 내용, 사실과 전혀 다른 내용을 자실처럼 꾸며내기도 한다는 취약점도 가지고 있어서 챗GPT 사용 시 적절한 필터링과 모니터링이 필요합니다.

⑤ **문서 전체 블록 설정** : Ctrl 키를 누른 채 A 키를 눌러 문서 전체를 선택할 수도 있습니다. 또는 문서의 왼쪽 여백에서 마우스 왼쪽 버튼을 3번 클릭하면 모두 선택됩니다.

⑥ **블록 해제** : 블록을 해제하려면 Esc 키를 누릅니다.

# 전시회 초대장 만들기

## ▶ 서식 설정하기

**01** 한글을 실행합니다. 서식 도구 상자에서 [글자 크기]의 ▼를 클릭한 후 '15pt'로 설정합니다.

**02** 내용을 입력합니다. 글자 크기가 '15pt'로 변경되어 입력됩니다.

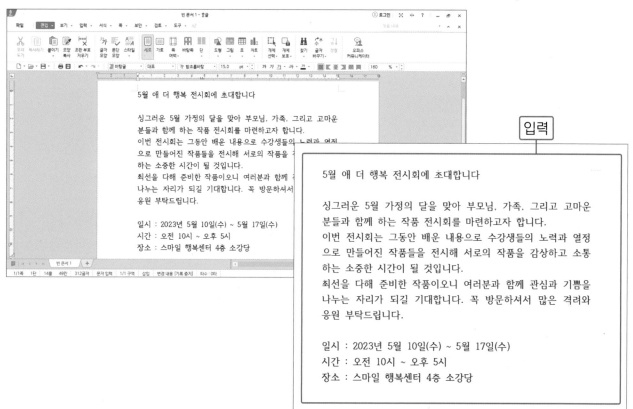

입력

5월 애 더 행복 전시회에 초대합니다

싱그러운 5월 가정의 달을 맞아 부모님, 가족, 그리고 고마운 분들과 함께 하는 작품 전시회를 마련하고자 합니다.
이번 전시회는 그동안 배운 내용으로 수강생들의 노력과 열정으로 만들어진 작품들을 전시해 서로의 작품을 감상하고 소통하는 소중한 시간이 될 것입니다.
최선을 다해 준비한 작품이오니 여러분과 함께 관심과 기쁨을 나누는 자리가 되길 기대합니다. 꼭 방문하셔서 많은 격려와 응원 부탁드립니다.

일시 : 2023년 5월 10일(수) ~ 5월 17일(수)
시간 : 오전 10시 ~ 오후 5시
장소 : 스마일 행복센터 4층 소강당

**03** 제목을 크고 한눈에 알아볼 수 있도록 글자 서식을 변경하기 위해 드래그하여 블록을 설정한 후 메뉴에서 [서식] 탭–[글자 모양(가)]을 클릭합니다. [글자 모양] 대화상자가 나타나면 [기본] 탭에서 [기준 크기]는 '32pt', [글꼴]은 '한컴 윤체 M', [글자 색]은 기본 테마의 '하늘색'으로 설정한 후 [설정] 버튼을 클릭합니다.

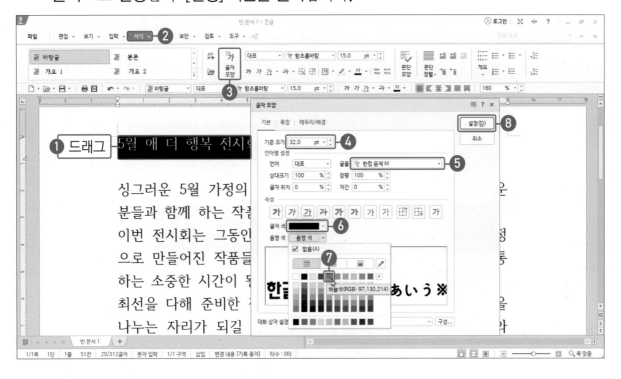

**04** 두 줄이 된 제목을 글자 크기는 유지한 채 한 줄로 만들어 보겠습니다. 제목이 블록 설정된 상태에서 메뉴에서 [서식] 탭–[글자 모양(가)]을 클릭합니다. [글자 모양] 대화상자가 나타나면 [기본] 탭의 언어별 설정에서 [장평]은 '95%', [자간]은 '–10%'로 설정한 후 [설정] 버튼을 클릭합니다.

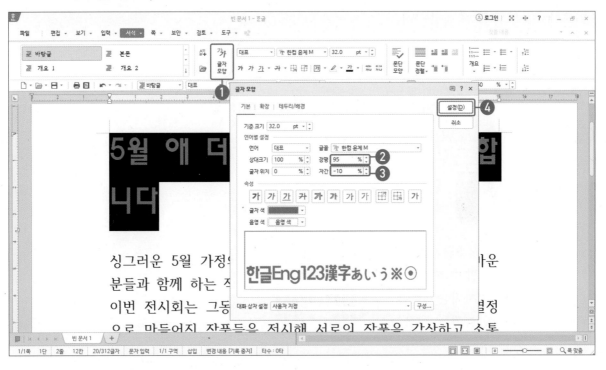

- 장평은 글자 크기는 그대로 유지한 채 100%보다 작으면 홀쭉한 글자가 되고, 100%보다 크면 통통한 글자가 됩니다. 50~200% 범위에서 설정할 수 있습니다.
- 자간은 0%보다 작은 경우 자간이 좁아지고, 0%보다 큰 경우 자간이 넓어집니다. −50~50% 범위에서 설정할 수 있습니다.

**05** 두 줄이었던 제목이 한 줄로 정리된 것을 확인합니다. Esc 키를 눌러 블록을 해제합니다.

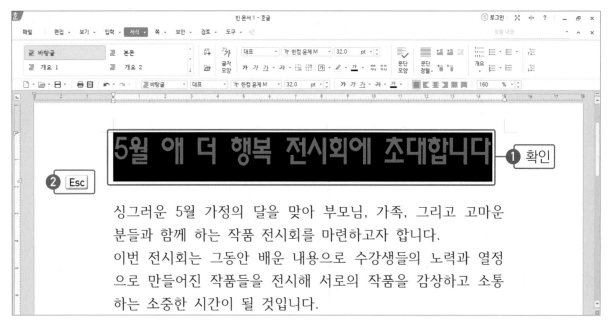

**06** 제목에서 '애'를 드래그하여 블록으로 설정한 후 메뉴에서 [서식] 탭–[글자 모양(가)]을 클릭합니다. [글자 모양] 대화상자가 나타나면 [기본] 탭의 속성에서 [양각(가)]을 설정합니다. [글자 색]을 클릭하고 기본 테마의 '주황'으로 설정한 후 [설정] 버튼을 클릭합니다. Esc 키를 눌러 블록을 해제합니다.

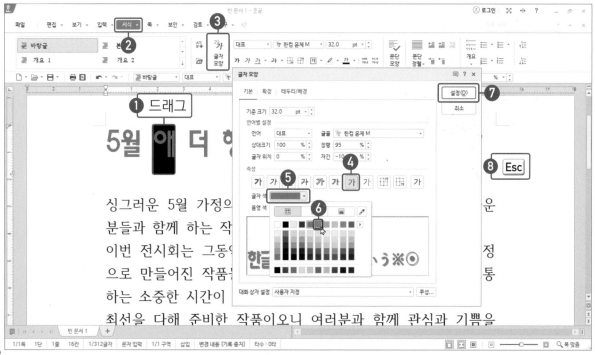

## ▶ 한자 입력하기

**01** 한글을 한자로 바꾸기 위해 제목에서 '애' 뒤에 커서를 두고 한자 키를 누릅니다.

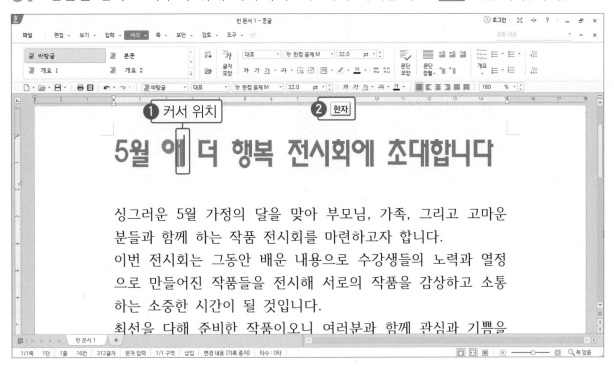

 키보드의 F9 키를 누르면 한자로 변환할 수 있으며, [입력] 탭-[한자 입력]의 ▼를 클릭해 [한자로 바꾸기]를 선택해도 됩니다.

**02** 한자로 바꿀 글자가 블록으로 설정되면서 [한자로 바꾸기] 대화상자가 나타납니다. 한자 목록에서 알맞은 한자를 선택하고 입력 형식을 '漢字'로 설정한 후 [바꾸기] 버튼을 클릭합니다.

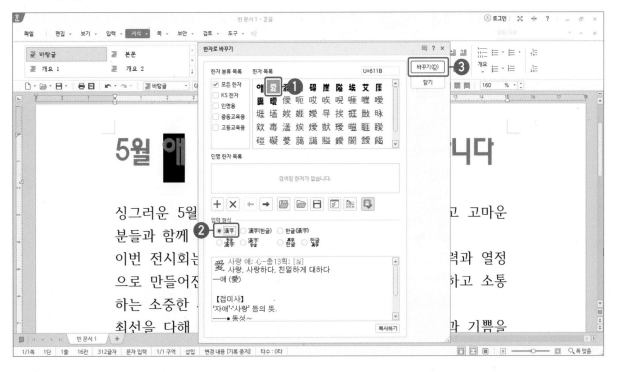

**03** 한글 '애'가 한자로 바뀌었습니다. 이번에는 '가정'을 한자로 바꾸기 위해 '가정' 뒤를 클릭해 커서를 위치시키고 한자 키를 누릅니다.

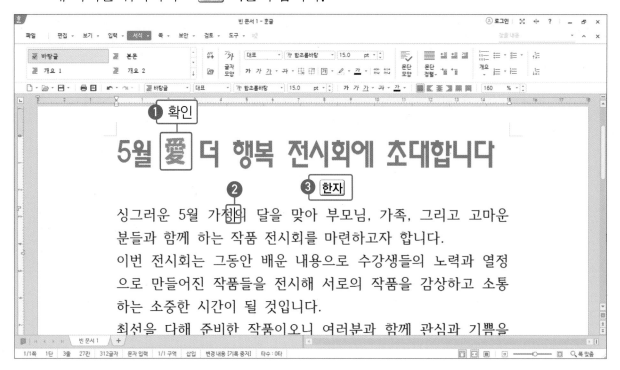

**04** [한자로 바꾸기] 대화상자가 나타나면 한자 목록에서 해당 **한자를 선택**하고, 입력 형식을 '한글(漢字)'로 설정한 후 [바꾸기] 버튼을 클릭합니다.

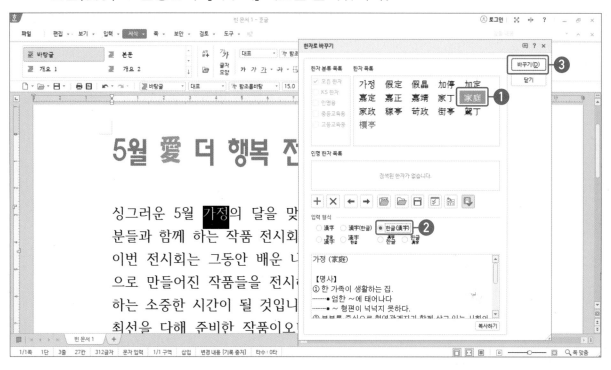

**05** '가정'이 입력 형식에 맞게 '가정(家庭)'으로 변경되었습니다.

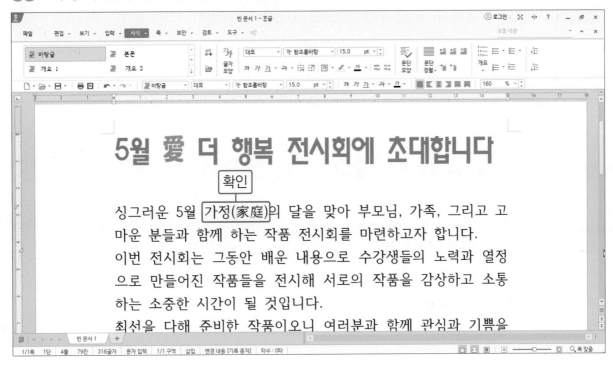

## ▶ 문자표 입력하기

**01** 키보드에 없는 특수문자를 입력하기 위해 '일시' 앞을 클릭하여 커서를 두고 [입력] 탭–[문자표(※)]–[문자표]를 클릭합니다.

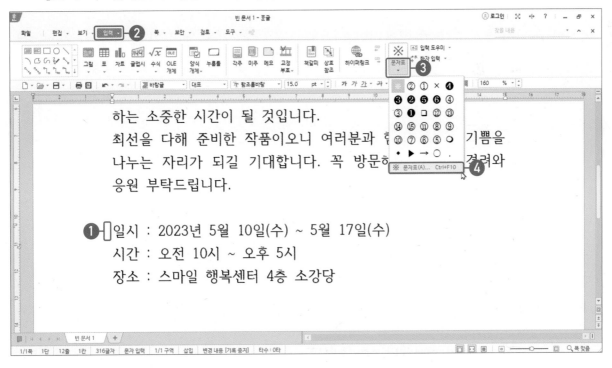

**02** [문자표] 대화상자가 나타나면 [사용자 문자표] 탭을 클릭합니다. 문자 영역에서 [기호1]을 클릭한 후 문자 선택에서 '■'을 선택하고 [넣기] 버튼을 클릭합니다.

• 마우스 오른쪽 버튼을 누른 후 나타나는 바로 가기 메뉴에서 [문자표]를 선택해 실행해도 됩니다.
• [문자표]의 바로 가기 키는 Ctrl + F10입니다.

**03** 커서가 위치한 곳에 기호가 입력되었습니다. Space Bar 키를 눌러 기호 뒤에 한 칸 띄어쓰기를 합니다.

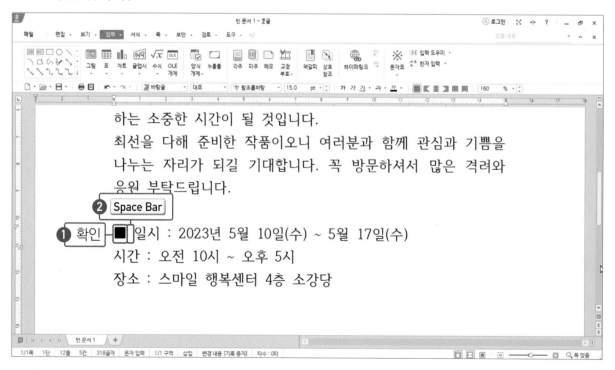

**04** 이번에는 빠른 작업을 위해 단축키를 이용해 보겠습니다. '시간' 앞을 클릭해 커서를 두고, 왼쪽에 있는 Ctrl 키를 누른 채 F10 키를 눌러 [문자표]를 실행합니다.

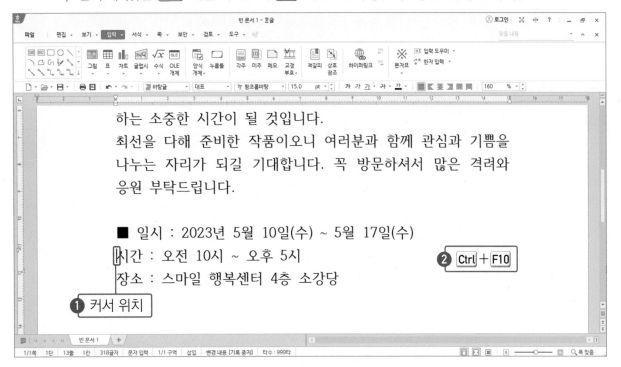

**05** 이전에 선택했던 문자표가 선택된 채로 나타납니다. [넣기] 버튼을 클릭합니다.

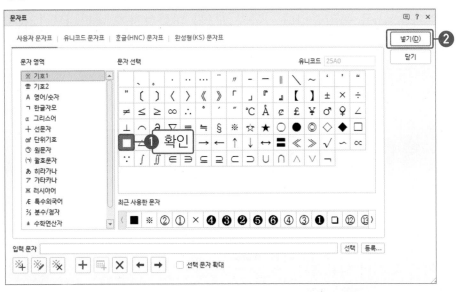

한글 자음(ㄱ~ㅎ)을 누른 후 한자 키를 누르면 특수문자 목록이 나타납니다. 목록에서 특수문자를 선택해 입력할 수도 있습니다. 이미지는 한글 ㅁ 키를 누르고 한자 키를 눌렀을 때 나타나는 대화상자입니다.

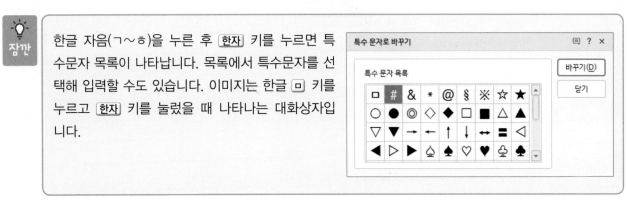

**06** '장소' 앞에도 같은 방법으로 '■'를 입력합니다.

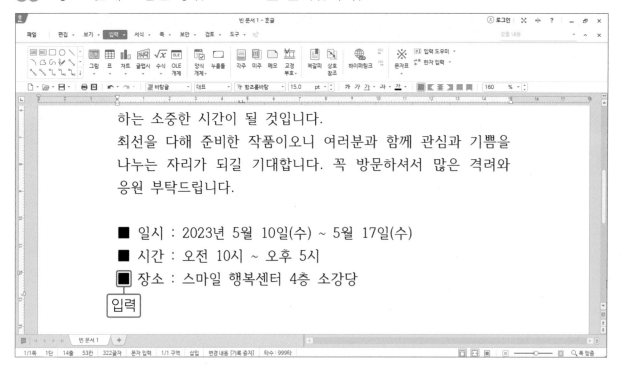

## ▶ 글자에 그림자, 강조점 설정하기

**01** 글자에 그림자와 강조점을 넣기 위해 '작품 전시회'를 드래그하여 블록으로 설정한 후 메뉴에서 [서식] 탭-[글자 모양(가)]을 클릭합니다. [글자 모양] 대화상자가 나타나면 [기본] 탭에서 [그림자(가)]를 클릭합니다.

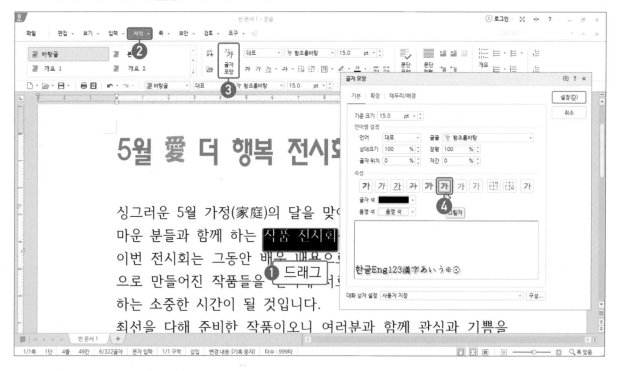

**02** [글자 모양] 대화상자에서 [확장] 탭을 클릭한 후 그림자에서 '연속'을 선택합니다. 강조점을 설정하기 위해 기타에서 강조점을 ' ⚬ '로 선택하고 [설정] 버튼을 클릭합니다.

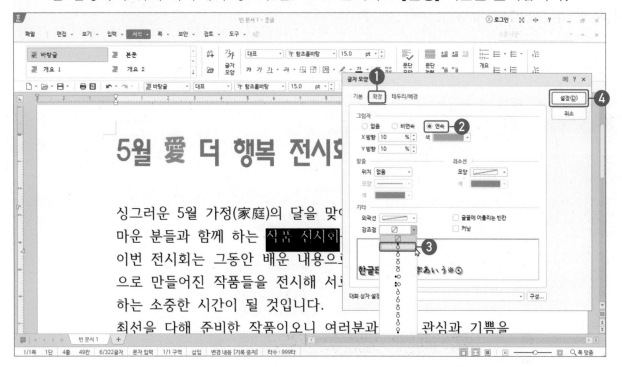

**03** Esc 키를 눌러 블록을 해제한 후 그림자와 강조점이 적용된 것을 확인합니다.

5월 愛 더 행복 전시회에 초대합니다

① Esc

② 확인

싱그러운 5월 가정(家庭)의 달을 맞아 부모님, 가족, 그리고 고마운 분들과 함께 하는 를 마련하고자 합니다.
이번 전시회는 그동안 배운 내용으로 수강생들의 노력과 열정으로 만들어진 작품들을 전시해 서로의 작품을 감상하고 소통하는 소중한 시간이 될 것입니다.

## ▶ 글자 모양의 음영 색, 밑줄, 형광색 설정하기

**01** 글자에 음영을 넣기 위해 일시의 내용을 드래그하여 블록으로 설정한 후 메뉴에서 [서식] 탭-[글자 모양(가)]을 클릭합니다. [글자 모양] 대화상자가 나타나면 [기본] 탭에서 [음영 색]을 클릭하고 기본 테마의 '노랑'으로 설정한 후 [설정] 버튼을 클릭합니다.

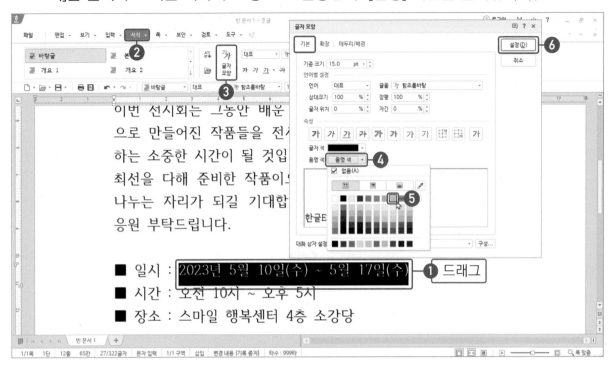

 음영 색을 해제하려면 해당 내용을 블록으로 설정한 후 [서식] 탭-[글자 모양]을 클릭합니다. [글자 모양] 대화상자가 나타나면 [기본] 탭에서 음영 색을 클릭해 '없음'으로 설정한 후 [설정] 버튼을 클릭합니다.

**02** 밑줄을 넣기 위해 시간의 내용을 드래그하여 블록으로 설정한 후 서식 도구 상자에서 [밑줄(가 ▾)]의 ▼를 클릭한 후 '이중 실선'으로 설정합니다.

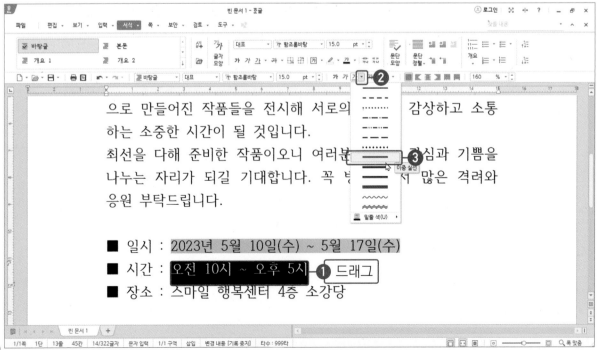

**03** 장소의 내용을 형광펜으로 강조하기 위해 드래그하여 블록으로 설정한 후 [서식] 탭–[형광펜(✏)]의 ▼를 클릭한 후 기본 테마의 '보라 60% 밝게'로 설정합니다.

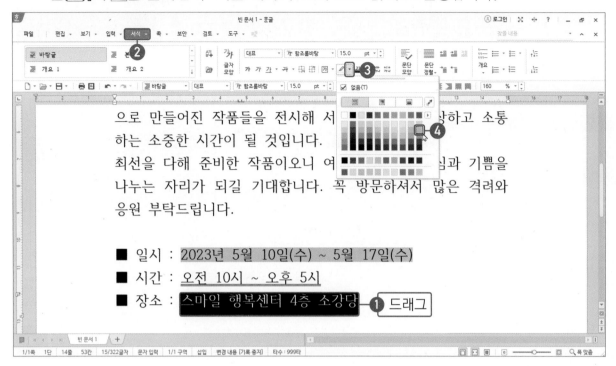

 형광펜으로 색칠된 부분을 해제하려면 해당 부분을 블록으로 설정한 후 [서식] 탭의 [형광펜(✏)]을 클릭하고 '없음'을 선택합니다.

**04** 형광펜이 적용되었습니다. 인쇄할 내용을 미리 보기 화면에서 확인하기 위해 **서식 도구 상자**에서 [미리 보기(🖷)]를 클릭합니다.

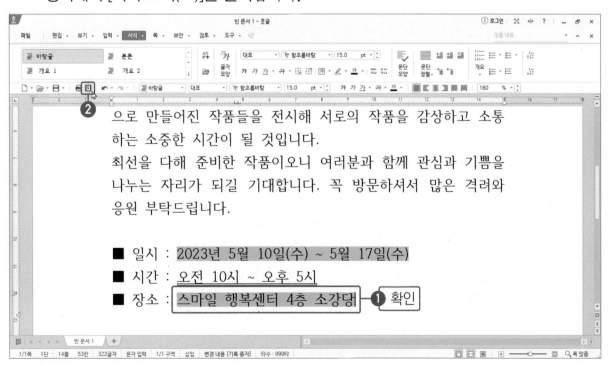

**05** 미리 보기 화면에서는 형광펜 색이 나타나지 않는 것을 확인할 수 있습니다.

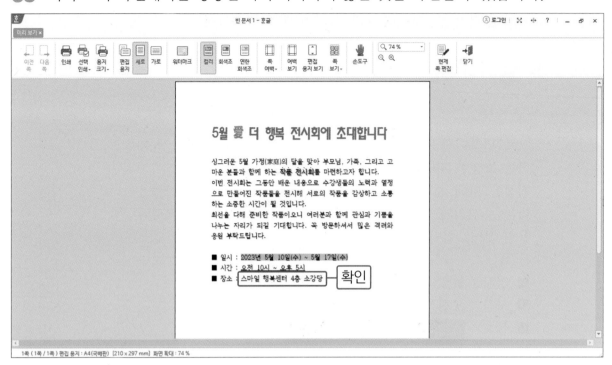

**형광펜 인쇄하기**

형광펜이 설정된 부분은 기본 인쇄 시 인쇄되지 않습니다. 만약 형광펜도 포함해 인쇄하려면, 서식 도구 상자에서 [인쇄(🖨)]를 클릭하면 나타나는 [인쇄] 대화상자에서 [확장] 탭을 클릭한 후 선택 사항의 '형광펜'을 체크하고 [인쇄] 버튼을 클릭해야 합니다.

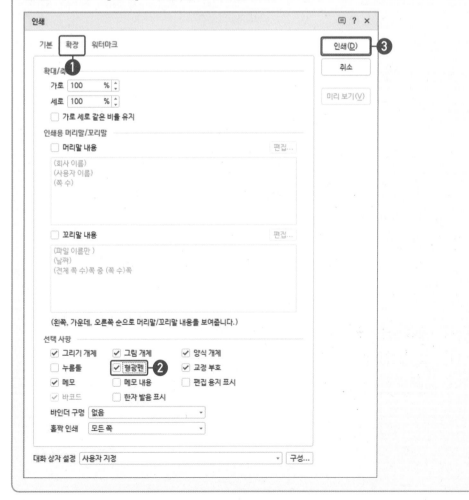

## 응용력 키우기

**01** 새 문서를 열고 다음과 같이 입력해 봅니다.

> • 글자 크기 : 24pt　　　　• 글꼴 : 한컴 백제 B　　　　• **정렬** : 가운데 정렬

반짝반짝 빛나는
꿈을 향해 달려보아요.
당신은 할 수 있어요.

**02** 문제 **01**의 파일에 다음과 같이 글자 모양을 설정해 봅니다.

> • 1줄 : 음영 색 – 기본 테마 '노랑'
> • 2줄의 '꿈' : 글자 크기 – 32pt, 기울임, 글자 색 – '보라'
> • 3줄 : 강조점을 추가하고 그림자(연속) 설정

반짝반짝 빛나는
꿈을 향해 달려보아요.
당신은 할 수 있어요!

 **힌트**　강조점/그림자(연속) : [서식] 탭–[글자 모양(가)]–[확장] 탭

**03** 문제 **02**의 파일을 '긍정확언.hwp'로 저장해 봅니다.

69

**04** 새 문서를 열고 다음과 같이 입력해 봅니다.

| • 글자 크기 : 12pt | • 글꼴 : 한양해서 | • 정렬 : 진하게 |
|---|---|---|

사자성어

입신양명 : 출세하여 이름을 세상에 떨친다는 뜻
대기만성 : 크게 될 사람은 늦게 이루어진다는 뜻.
일취월장 : 날마다 달마다 성장하고 발전한다는 뜻.
괄목상대 : 남의 학식이나 업적이 크게 나아졌다는 뜻.
전심전력 : 온 마음과 온 힘을 한 곳에 모두 기울인다는 뜻
백절불굴 : 어떤 어려움에도 굽히지 않고 이겨 나간다는 뜻

**05** 문제 **04**에서 작성한 파일에 다음과 같이 한자와 기호를 추가해 봅니다.

📖 사자성어

○ 입신양명(立身揚名) : 출세하여 이름을 세상에 떨친다는 뜻
○ 대기만성(大器晩成) : 크게 될 사람은 늦게 이루어진다는 뜻.
○ 일취월장(日就月將) : 날마다 달마다 성장하고 발전한다는 뜻.
○ 괄목상대(刮目相對) : 남의 학식이나 업적이 크게 나아졌다는 뜻.
○ 전심전력(全心全力) : 온 마음과 온 힘을 한 곳에 모두 기울인다는 뜻
○ 백절불굴(百折不屈) : 어떤 어려움에도 굽히지 않고 이겨 나간다는 뜻

힌트

📖 ○ : [입력] 탭–[문자표]–[사용자 문자표]–[특수기호 및 딩뱃기호]

**06** 문제 **05**의 파일을 '사자성어.hwp'로 저장해 봅니다.

# 04 여행 계획 노트 만들기

- 문단 모양
- 문단 부호와 조판 부호
- 문단 정렬하기
- 문단 여백

- 줄 간격 설정하기
- 문단 테두리/배경 꾸미기
- 문단 모양 복사하기
- 문단 번호와 글머리표 설정하기

## 미 / 리 / 보 / 기

완성파일 : 여행 계획.hwp

### 여행 계획 TO-DO 리스트

여행의 출발은 계획을 세우는 순간부터 시작되며, 계획이 결정된 순간 이미 그 자체만으로 행복이 넘쳐흐르는 것을 느낄 수 있다. 세상은 넓고 갈 곳은 많다. 나의 여행지를 향해 레츠 고!

**〈여행 컨셉〉**
여행은 삶을 대신하지 않지만, 삶을 보충한다
서두르지 않고 유유자적 느긋하게 여행하기

**〈프랑스 파리 여행 버킷리스트〉**
1. 에펠탑 잔디밭에 앉아 피크닉 즐기기
2. 개선문, 샹젤리제 거리 산책하기
3. 센강 유람선 타기
4. 루브르박물관 가기
5. 몽마르뜨의 과거와 현재 발자취 따라가기

**〈여행 준비 체크리스트〉**
☑ 항공권 구매하기
☐ 숙소 예약하기
☑ 환전하기
☐ 여행자 보험 가입하기

입력한 문서 내용에 '문단 모양'을 이용해 여백, 들여쓰기, 내어쓰기, 줄 간격, 정렬 방식을 변경해 봅니다. 그리고 문단 테두리와 배경을 꾸미고 문단 번호와 글머리표를 설정하는 방법을 알아보겠습니다.

**문단 모양 실습 | 여행 노트 정리하기**

여러 문장이 이어지다가 문맥에 따라 줄이 바뀌는 부분을 '문단'이라고 하고, 사용자가 내용을 입력하는 도중에 Enter 키를 누르면 문단이 나누어집니다. 내용을 입력한 후 들여쓰기, 줄 간격, 문단 간격을 설정해 다음 문서와 같이 만들어 보겠습니다.

📁 완성파일 : 여행노트.hwp

> 여행은 스마트폰 앱만 있으면 어디든 갈 수 있어요. 직접 찾아다니고 부딪치며 다채로운 경험을 하면서 사진을 찍고 흔적을 남기는 것이 좋아요.
>
> 사진은 천 마디 말을 대신해주기도 하지요. 여행의 순간들을 사진에 담아두면 그때의 감정과 추억을 새록새록 느낄 수 있습니다. 찰칵찰칵! 스마일!

## ▶ 문단 모양 설정하기

**01** 한글을 실행한 후 서식 도구 상자에서 [글자 크기]를 '12pt'로 설정한 후 문서에 다음처럼 입력합니다.

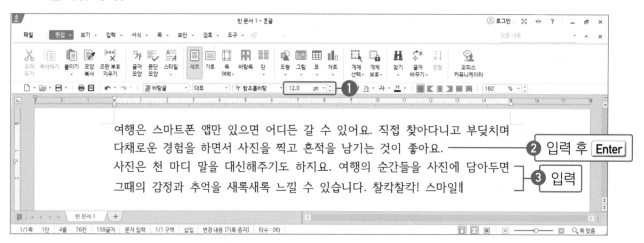

**02** 입력한 글을 드래그하여 블록으로 설정한 후 메뉴에서 [서식] 탭-[문단 모양(☑)]을 클릭합니다.

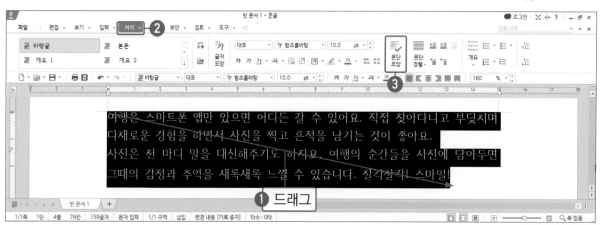

**03** [문단 모양] 대화상자가 나타나면 첫 줄에서 '들여쓰기', '10pt'로 설정합니다. 간격에서 [줄 간격]은 '180%', [문단 아래]는 '10pt'로 설정한 후 [설정] 버튼을 클릭합니다.

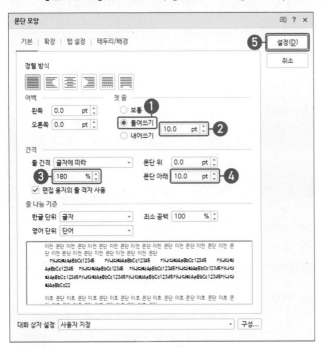

 [편집] 탭-[문단 모양]을 클릭해도 되고, 바로 가기 키 Alt + T 를 눌러도 됩니다.

**04** Esc 키를 눌러 블록을 해제합니다. 문단마다 첫 줄이 들여쓰기 되고, 줄 간격도 더 넓게 조정된 것을 확인합니다.

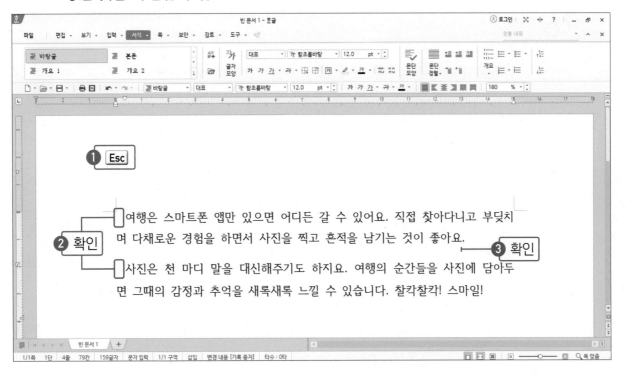

## ▶ 문단 부호와 조판 부호

문단 부호와 조판 부호는 보통의 문서 창에서는 보이지 않고 해당 메뉴를 선택하면 화면에서만 표시되며 인쇄는 되지 않습니다.

**01** 문서에 문단 부호를 표시하기 위해 메뉴에서 [보기] 탭–[문단 부호]를 클릭하면 Enter 키를 누른 곳에 파란색의 줄바꿈 문자(↵)가 표시됩니다.

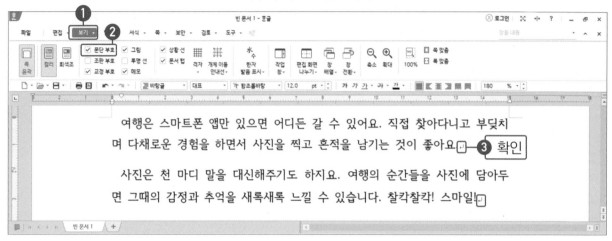

**02** 조판 부호를 표시하기 위해 메뉴에 [보기] 탭–[조판 부호]를 클릭하면 조판 부호가 보이기 상태가 되며, 띄어쓰기를 한 곳에는 파란색 공백 표시(·)가 나타납니다.

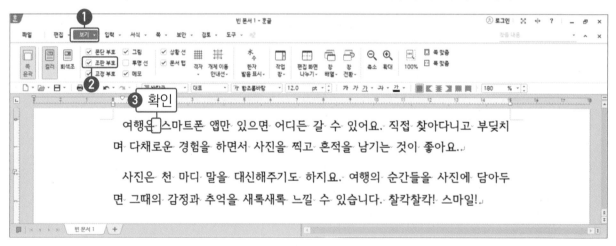

**03** [보기] 탭에서 [문단 부호]와 [조판 부호]를 다시 클릭하면 체크가 해제되고 부호 감추기 상태가 됩니다.

## 02  여행 계획 리스트 만들기

### ▶ 내용 입력하기

**01**  한글을 실행합니다. 서식 도구 상자에서 [글꼴]은 'HY강B', [글자 크기]는 '14pt'로 설정합니다.

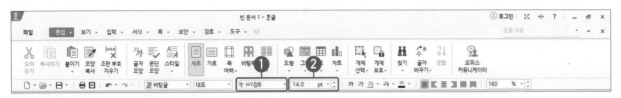

**02**  다음과 같이 입력합니다.

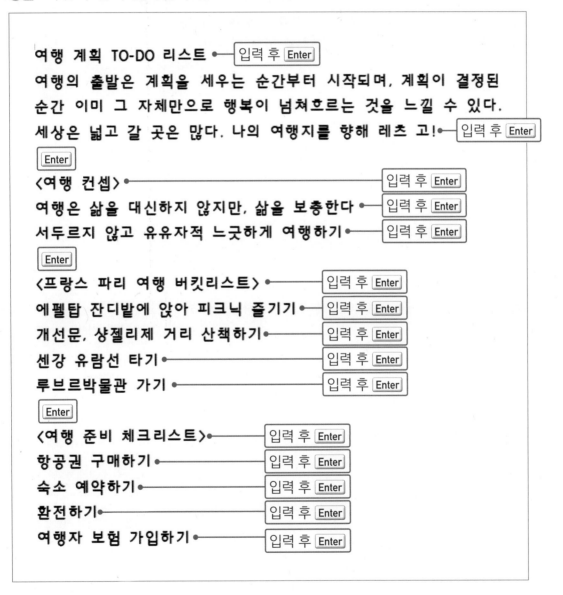

## ▶ 문단 정렬하기

**01** 제목을 보기 좋게 변경하기 위해 드래그하여 블록으로 설정한 후 서식 도구 상자에서 [글자 크기]는 '24pt', [가운데 정렬(➌)]로 설정합니다.

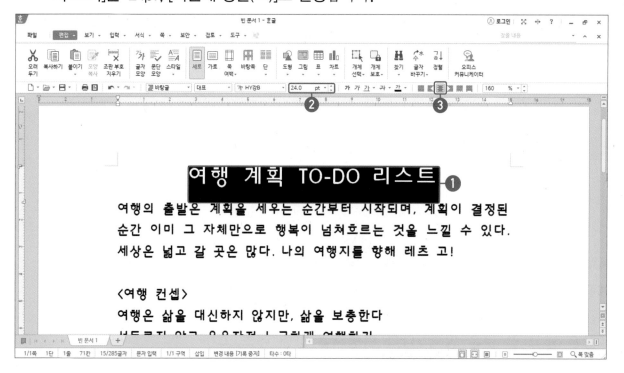

 **문단 정렬 살펴보기**

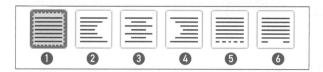

❶ **양쪽 정렬** : 양쪽을 가지런하게 맞춥니다. 기본으로 사용하는 정렬 방식입니다.

> 새로운 장소에서의 경험. 아름다운 풍경. 사람들과 소중한 순간의 추억

❷ **왼쪽 정렬** : 왼쪽을 가지런하게 맞추고, 어절 단위로 줄 바꿈을 합니다.

> 새로운 장소에서의 경험. 아름다운 풍경. 사람들과 소중한 순간의 추억

❸ **가운데 정렬** : 문단을 가운데 기준으로 맞추고, 어절 단위로 줄 바꿈을 합니다.

> 새로운 장소에서의 경험. 아름다운 풍경. 사람들과 소중한 순간의 추억

❹ **오른쪽 정렬** : 오른쪽으로 가지런하게 맞추고, 어절 단위로 줄 바꿈을 합니다.

> 새로운 장소에서의 경험. 아름다운 풍경. 사람들과 소중한 순간의 추억

❺ **배분 정렬** : 글자 수에 상관없이 양쪽 정렬을 하되, 글자 사이를 일정하게 띄웁니다.

> 새로운 장소에서의 경험. 아름다운 풍경. 사람들과 소중한 순간의 추억

❻ **나눔 정렬** : 글자 수에 상관없이 양쪽 정렬을 하되, 어절 사이를 일정하게 띄웁니다.

> 새로운 장소에서의 경험. 아름다운 풍경. 사람들과 소중한 순간의 추억

# ▶ 줄 간격 설정하기

**01** 첫 번째 문단을 드래그하여 블록으로 설정한 후 메뉴에서 [서식] 탭-[문단 모양()]을 클릭합니다.

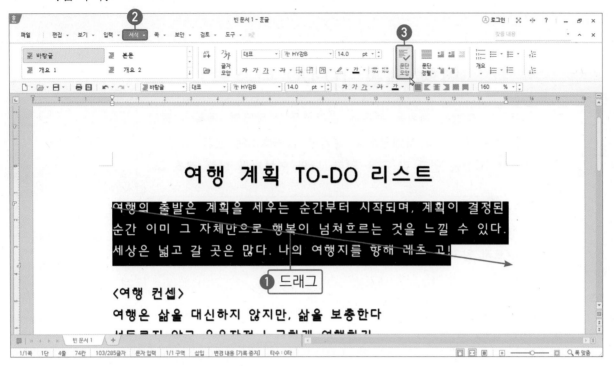

**02** [문단 모양] 대화상자가 나타나면 여백의 [왼쪽]과 [오른쪽]을 각각 '10pt'로 설정한 후 간격의 [줄 간격]은 '180%', [문단 위]를 '10pt'로 설정하고 [설정] 버튼을 클릭합니다.

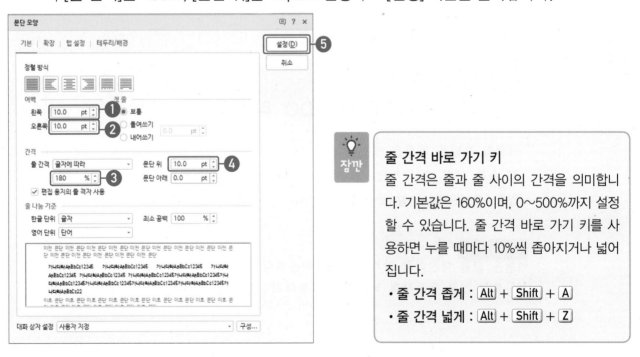

> **잠깐**
>
> **줄 간격 바로 가기 키**
> 줄 간격은 줄과 줄 사이의 간격을 의미합니다. 기본값은 160%이며, 0~500%까지 설정할 수 있습니다. 줄 간격 바로 가기 키를 사용하면 누를 때마다 10%씩 좁아지거나 넓어집니다.
> - 줄 간격 좁게 : Alt + Shift + A
> - 줄 간격 넓게 : Alt + Shift + Z

**03** 왼쪽, 오른쪽 여백과 문단 위의 간격이 설정되고 줄 간격이 넓어졌습니다.

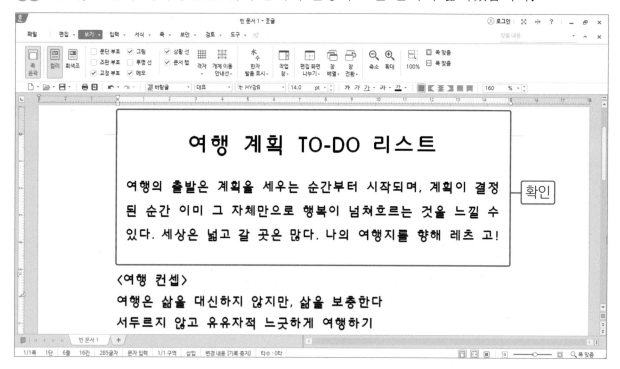

## ▶ 문단 테두리/배경 꾸미기

**01** 문단의 테두리를 설정하기 위해 '〈여행 컨셉〉'을 드래그하여 블록으로 설정한 후 메뉴에서 [서식] 탭–[문단 모양(▼)]을 클릭합니다.

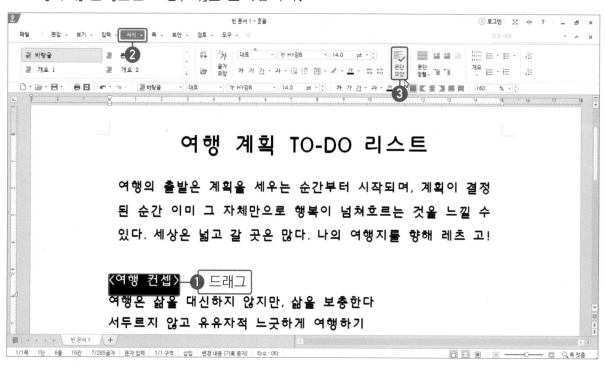

**02** [문단 모양] 대화상자가 나타나면 [테두리/배경] 탭을 클릭하고 테두리에서 [종류]는 '실선', [굵기]는 '0.1mm'를 클릭한 후 '0.4mm'로 설정합니다.

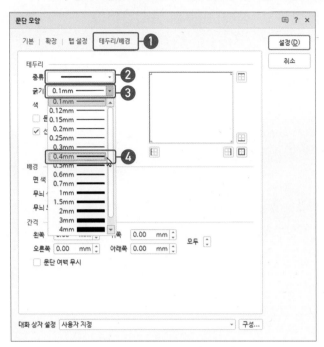

**03** 초록색의 아래쪽 테두리를 넣기 위해 테두리에서 [색]은 기본 테마의 '초록'으로 설정한 후 [아래(⊞)]를 클릭합니다.

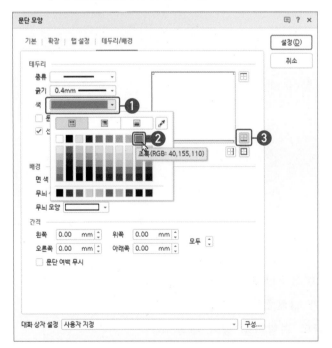

**04** 배경색을 넣기 위해 배경의 [면 색]을 클릭한 후 기본 테마의 '초록 80% 밝게'로 설정합니다. 간격에서 [모두]의 ⊡를 클릭해 왼쪽, 오른쪽, 위쪽, 아래쪽의 간격을 모두 '1mm'로 설정된 것을 확인한 후 [문단 여백 무시]를 체크하고 [설정] 버튼을 클릭합니다.

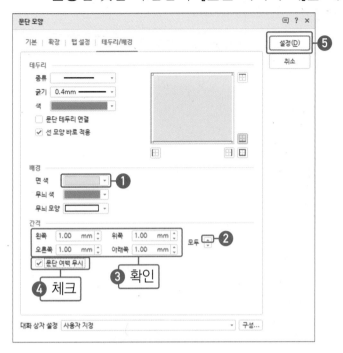

 문단 테두리가 본문에 너무 붙어있으면 문서가 보기 좋지 않습니다. 문단의 간격을 일정하게 설정하는 것이 좋습니다.

**05** Esc 키를 눌러 블록을 해제합니다. 문단 아래쪽에 테두리와 배경이 설정된 것을 확인합니다.

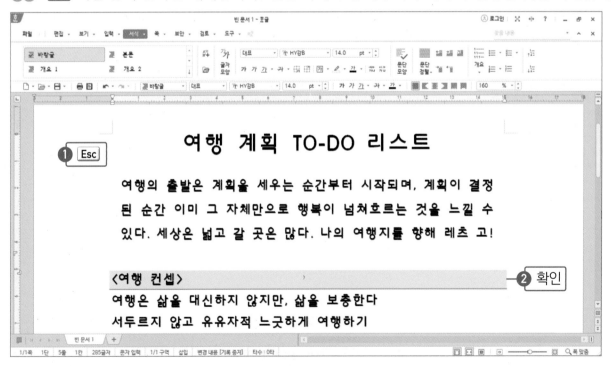

## ▶ 문단 모양 복사하기

**01** 문단 테두리와 배경이 적용된 서식을 반복 적용하기 위해 모양을 복사할 **문장을 클릭해 커서를 위치**한 후 메뉴에서 [편집] 탭–[모양 복사(📝)]를 클릭합니다.

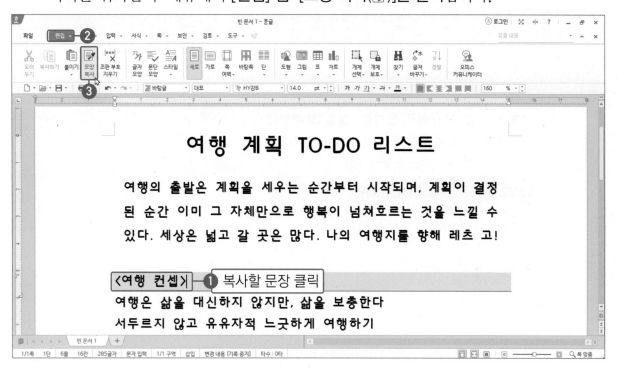

> 💡 **잠깐**
> [모양 복사]의 바로 가기 키는 Alt + C입니다.

**02** [모양 복사] 대화상자가 나타나면 [글자 모양과 문단 모양 둘 다 복사]를 선택한 후 [복사] 버튼을 클릭합니다.

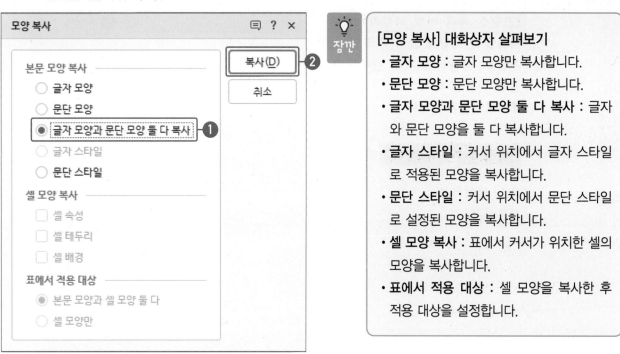

> 💡 **잠깐**
> **[모양 복사] 대화상자 살펴보기**
> • **글자 모양** : 글자 모양만 복사합니다.
> • **문단 모양** : 문단 모양만 복사합니다.
> • **글자 모양과 문단 모양 둘 다 복사** : 글자와 문단 모양을 둘 다 복사합니다.
> • **글자 스타일** : 커서 위치에서 글자 스타일로 적용된 모양을 복사합니다.
> • **문단 스타일** : 커서 위치에서 문단 스타일로 설정된 모양을 복사합니다.
> • **셀 모양 복사** : 표에서 커서가 위치한 셀의 모양을 복사합니다.
> • **표에서 적용 대상** : 셀 모양을 복사한 후 적용 대상을 설정합니다.

**03** 모양 복사한 부분을 똑같이 적용할 문장을 드래그하여 블록으로 설정한 후 메뉴에서 [편집] 탭–[모양 복사(📝)]를 클릭합니다.

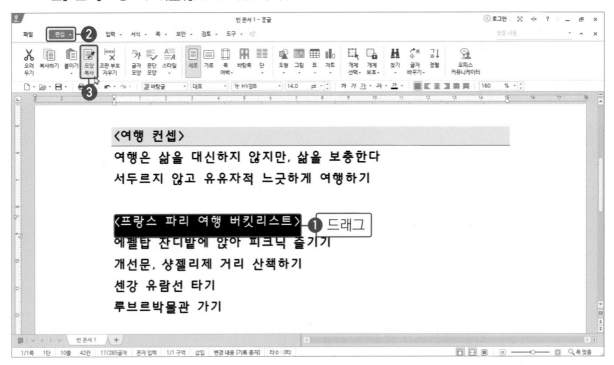

**04** 모양 복사가 적용된 것을 확인합니다. '〈여행 준비 체크리스트〉'에도 적용하기 위해 드래그하여 블록으로 설정한 후 메뉴에서 [편집] 탭–[모양 복사(📝)]를 클릭합니다.

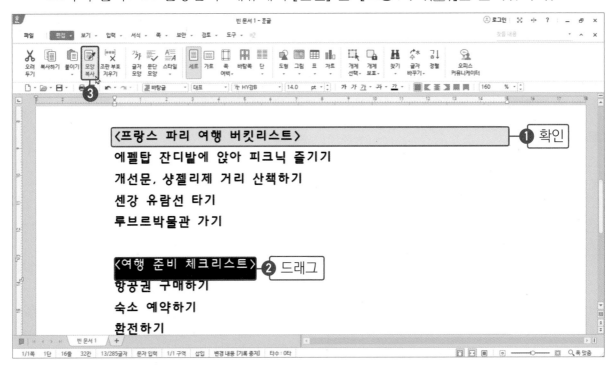

**05** 모양 복사가 적용된 것을 확인합니다.

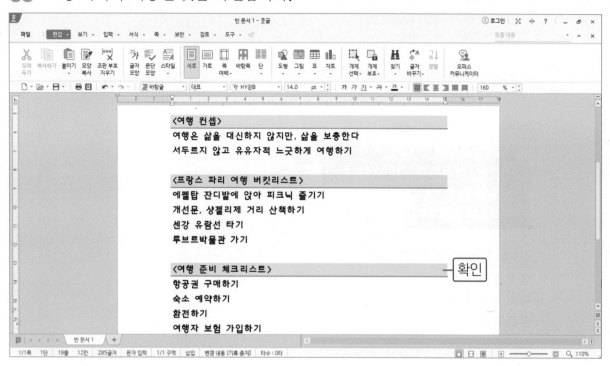

## ▶ 문단 번호 설정하기

**01** 문단 번호를 자동으로 표시하기 위해 해당 부분을 드래그하여 블록으로 설정한 후 메뉴에서 [서식] 탭-[문단 번호(≣ ·)]의 ▼를 클릭하고 문단 번호 중에서 해당 번호 모양을 설정합니다.

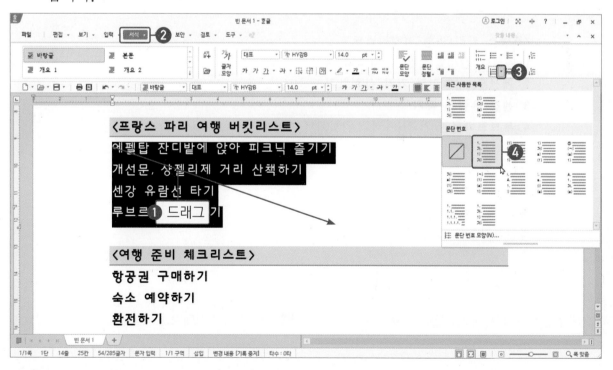

> • 문단 번호를 먼저 설정한 후 내용을 입력해도 됩니다.
> • 문단 번호 모양을 변경하려면 블록을 설정한 후 문단 번호 모양을 다시 선택합니다.

**02** 문단 번호가 적용된 것을 확인합니다. Esc 키를 눌러 블록을 해제합니다.

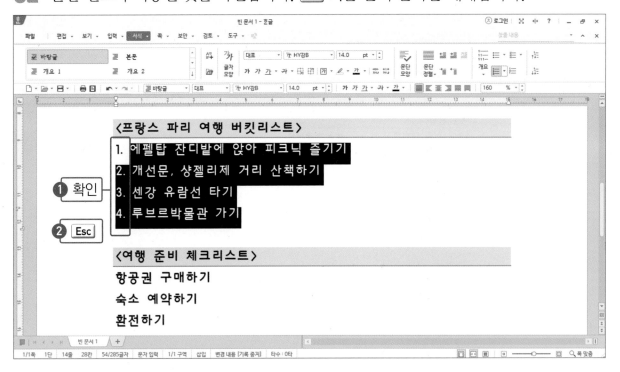

**03** 블록이 해제되고 문단 번호의 마지막 문장에 커서가 있는 상태에서 Enter 키를 누릅니다.

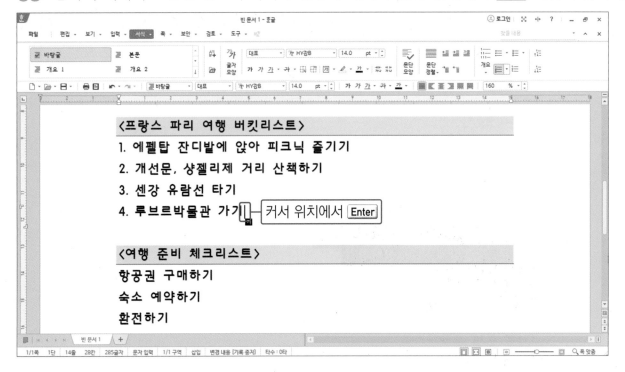

 내용 입력 중 커서 위치의 가 표시는 한글 입력 상태, A는 영어 입력 상태임을 의미합니다.

**04** 줄 바꿈이 되면서 자동으로 문단 번호 '5'가 나타나는데, 내용을 추가하기 위해 '**몽마르뜨의 과거와 현재 발자취 따라가기**'를 입력해 봅니다.

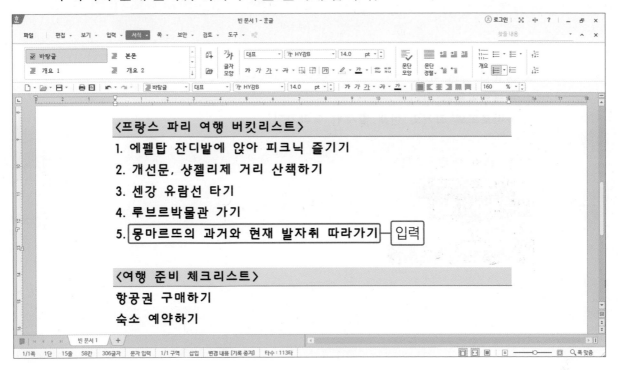

 문단 번호는 내용을 입력할 때 Enter 키를 누르면 선택한 모양의 문단 번호가 자동으로 입력됩니다. 내용을 입력하지 않고 Enter 키를 한 번 더 누르면 문단 번호가 삭제됩니다.

## ▶ 글머리표 설정하기

**01** 글머리표를 자동으로 표시하기 위해 해당 부분을 드래그하여 블록으로 설정한 후 메뉴에서 [서식] 탭-[글머리표(≣ ·)]의 ▼를 클릭한 후 확인용 글머리표에서 해당 글머리표를 선택합니다.

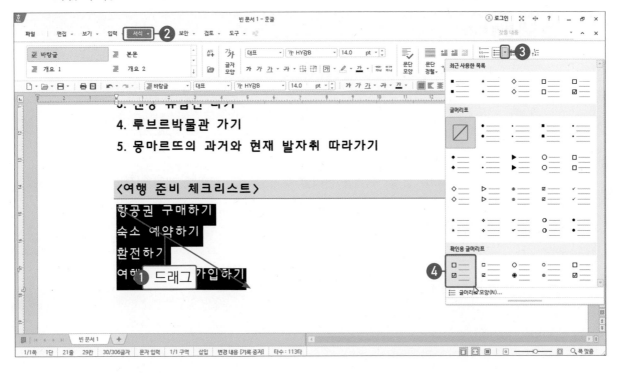

**02** 확인용 글머리표가 적용된 것을 확인합니다. Esc 키를 눌러 블록을 해제합니다.

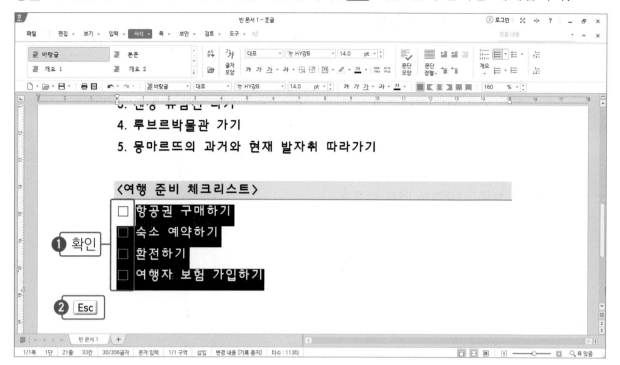

**03** 확인용 글머리표는 다음 그림처럼 클릭해 완료된 항목에 체크 표시를 할 수 있습니다.

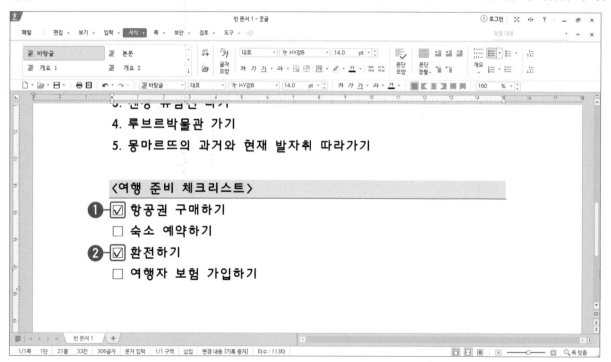

잠깐

• 확인용 글머리표를 사용하여 '할 일' 목록을 관리할 수 있습니다. 회의록, 개인 일정 등에서 작업 완료 여부, 설문지에서는 선택 여부를 표시하는 데 활용할 수 있습니다.

• [글머리표 및 문단 번호]의 바로 가기 키는 Ctrl + K , N 입니다.

**01** 새 문서를 열고 다음과 같이 입력해 봅니다.

> • 본문 글자 크기 : 15pt • 제목 글자 크기 : 24pt • 글꼴 : 한컴 소망 B

---

2023 시대 아트센터
## 여름학기 프로그램 수강생 모집

다양한 교육프로그램과 특강을 즐길 수 있는 여름학기 문화
강좌 수강생을 모집합니다.

수강기간 : 2023. 6. 7. ~ 8. 29.(3개월)
접수기간 : 2023. 5. 8. ~ 선착순 마감
수강대상 : 일반, 어린이, 영아
접수방법 : 온라인, 방문
교육방식 : 집합, 온라인

---

**02** 문제 **01**의 파일에서 다음과 같이 문단 테두리와 배경을 꾸며 봅니다.

> • 1줄 : 테두리 종류 – 이점쇄선, 테두리 굵기 – 0.2mm,
> 배경 – 면 색(기본 테마의 '보라 80% 밝게'),
> 간격 – 모두 2mm, [문단 여백 무시] 체크
> • 2줄 : 제목 – 정렬(가운데 정렬), 문단 모양(간격 – 문단 위 20pt)

---

2023 시대 아트센터

## 여름학기 프로그램 수강생 모집

다양한 교육프로그램과 특강을 즐길 수 있는 여름학기 문화
강좌 수강생을 모집합니다.

수강기간 : 2023. 6. 7. ~ 8. 29.(3개월)
접수기간 : 2023. 5. 8. ~ 선착순 마감
수강대상 : 일반, 어린이, 영아
접수방법 : 온라인, 방문
교육방식 : 집합, 온라인

---

**03** 문제 **02**의 파일에서 다음과 같이 문단 번호를 넣어 봅니다.

2023 시대 아트센터

# 여름학기 프로그램 수강생 모집

다양한 교육프로그램과 특강을 즐길 수 있는 여름학기 문화 강좌 수강생을 모집합니다.

1. 수강기간 : 2023. 6. 7. ~ 8. 29.(3개월)
2. 접수기간 : 2023. 5. 8. ~ 선착순 마감
3. 수강대상 : 일반, 어린이, 영아
4. 접수방법 : 온라인, 방문
5. 교육방식 : 집합, 온라인

**04** 문제 **03**의 파일에서 다음과 같이 문단 번호를 글머리표로 변경해 봅니다.

2023 시대 아트센터

# 여름학기 프로그램 수강생 모집

다양한 교육프로그램과 특강을 즐길 수 있는 여름학기 문화 강좌 수강생을 모집합니다.

- 수강기간 : 2023. 6. 7. ~ 8. 29.(3개월)
- 접수기간 : 2023. 5. 8. ~ 선착순 마감
- 수강대상 : 일반, 어린이, 영아
- 접수방법 : 온라인, 방문
- 교육방식 : 집합, 온라인

**05** 문제 **04**의 파일을 '수강안내문.hwp'로 저장해 봅니다.

# 05 감동 시화 만들기

- 편집 용지 설정하기
- 복사하기와 이동하기
- 되돌리기
- 쪽 테두리/배경 설정하기
- 쪽 번호 매기기
- 클립아트 내려받아 삽입하기

## 미/리/보/기

■ 완성파일 : 감동 시화.hwp

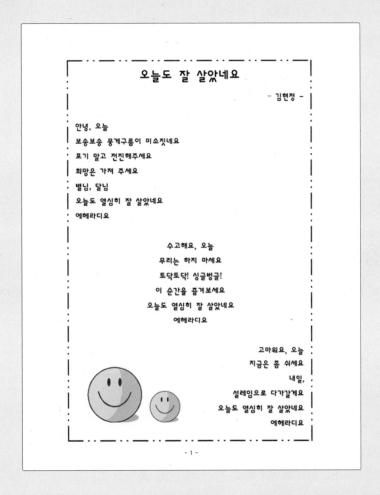

이번 장에서는 용지 방향과 용지 여백을 설정하고, 반복적인 내용을 복사하거나 이동해 보겠습니다. 그리고 쪽 번호를 추가하고, 쪽 테두리와 배경을 설정한 후 클립아트를 삽입 하여 문서를 보기 좋게 꾸며 보겠습니다.

# 편집 용지, 여백 설정 실습 | 자작시 만들기

문서를 작성하기 전 편집 용지의 크기, 문서의 여백, 용지 방향 등을 설정할 수 있습니다. 기본적으로 용지의 크기는 A4, 용지 방향은 세로로 설정되어 있습니다. 편집 용지 방향, 용지 여백, 쪽 테두리/배경을 설정해 자작시 문서를 만들어 보겠습니다.

📁 완성파일 : 자작시 별빛.hwp

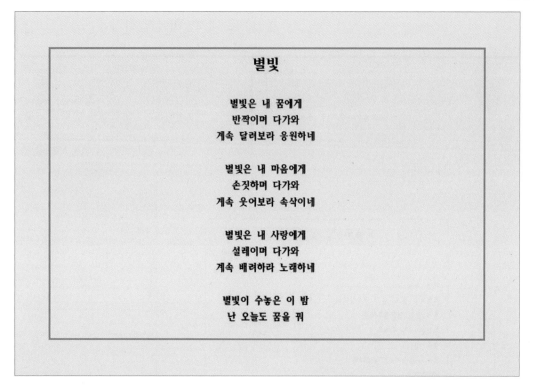

## ▶ 편집 용지 설정하기

**01** 한글을 실행합니다. 편집 용지를 설정하기 위해 메뉴에서 [쪽] 탭-[편집 용지(📄)]를 클릭합니다.

[파일] 탭-[편집 용지]를 선택하거나 바로 가기 키 **F7**을 눌러도 됩니다.

**02** [편집 용지] 대화상자가 나타나면 [기본] 탭에서 [용지 방향]은 '가로', 용지 여백에서 [위쪽], [왼쪽], [오른쪽], [아래쪽]의 여백을 각각 '30mm', [머리말], [꼬리말]의 여백을 각각 '0'으로 설정한 후 [설정] 버튼을 클릭합니다.

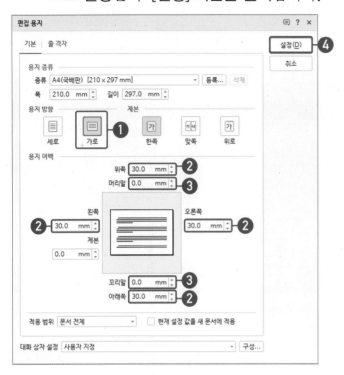

 [편집] 탭에서도 용지의 방향과 여백을 설정할 수 있습니다.

❶ 용지 방향은 기본적으로 세로로 설정되어 있습니다.

❷ 용지 방향을 가로로 설정합니다.

❸ [쪽 여백]을 클릭해 용지 여백을 선택할 수 있습니다. [좁게]를 선택하면 용지의 여백은 줄어들고 문서를 작성할 편집 공간은 넓어집니다, [넓게]를 선택하면 용지의 여백이 넓어지면서 편집 공간은 줄어듭니다.

**03** 서식 도구 상자에서 [글꼴]은 '한컴 솔잎 M', [글자 크기]는 '16pt', [가운데 정렬(를)]로 설정합니다.

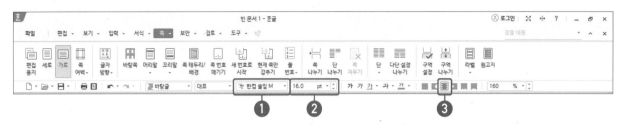

**04** 다음과 같이 입력합니다.

별빛

별빛은 내 꿈에게
반짝이며 다가와
계속 달려보라 응원하네

별빛은 내 마음에게
손짓하며 다가와
계속 웃어보라 속삭이네

별빛은 내 사랑에게
설레이며 다가와
계속 배려하라 노래하네

별빛이 수놓은 이 밤
난 오늘도 꿈을 꿔

**05** 제목을 드래그하여 블록으로 설정한 후 [글자 크기]를 '24pt'로 설정합니다.

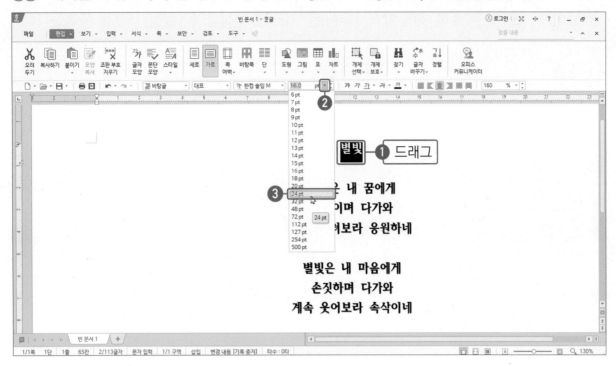

**06** Esc 키를 눌러 블록을 해제합니다. 문서에 쪽 테두리를 설정하기 위해 메뉴에서 [쪽] 탭-
[쪽 테두리/배경(▣)]을 클릭합니다.

**07** [쪽 테두리/배경] 대화상자가 나타나면
[테두리] 탭의 테두리에서 [종류]는 '실선'
을 설정하고 '모두(▣)'를 클릭합니다. [굵기]
는 '1mm', [색]은 '초록'으로 설정합니다.

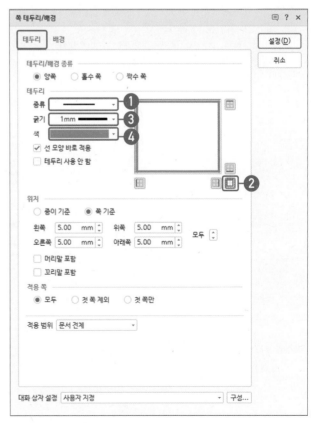

**08** 배경을 설정하기 위해 [배경] 탭을 클릭합니다. [그러데이션]을 선택하고, [시작 색]은 '주황 80% 밝게', [끝 색]은 '초록 80% 밝게', [유형]은 '가로'로 설정한 후 [설정] 버튼을 클릭합니다.

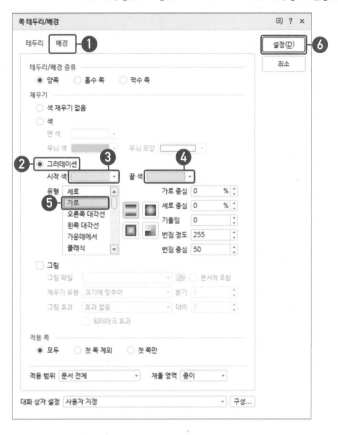

**09** 용지 방향과 쪽 테두리/배경이 설정된 것을 확인합니다. 서식 도구 상자에서 [저장하기 (💾)]를 클릭한 후 '자작시 별빛.hwp'로 저장합니다.

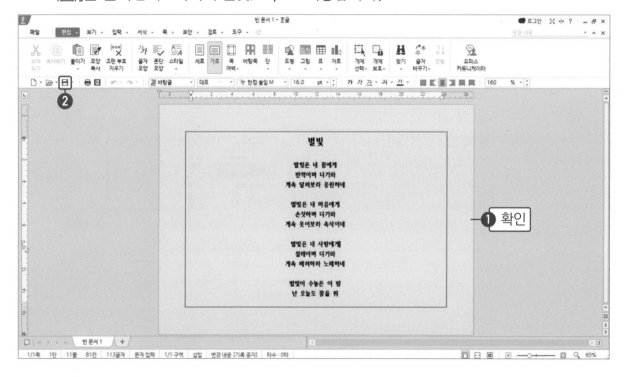

## ▶ 내용 입력하기

**01** 한글을 실행합니다. 서식 도구 상자에서 [글꼴]은 '한컴 백제 M', [글자 크기]는 '15pt', [가운데 정렬(≡)]로 설정합니다.

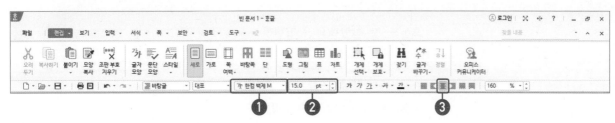

**02** 다음과 같이 입력합니다.

오늘도 잘 살았네요 - 김현정 -


안녕, 오늘
보송보송 뭉게구름이 미소짓네요
포기 말고 전진해주세요
희망은 가져 주세요
별님, 달님
오늘도 열심히 잘 살았네요
에헤라디요


수고해요, 오늘
무리는 하지 마세요
토닥토닥! 싱글벙글!
이 순간을 즐겨보세요


고마워요, 오늘
지금은 좀 쉬세요
내일,
설레임으로 다가갈게요

## ▶ 복사하기와 붙이기

**01** 1연의 문장을 2연과 3연에 반복적으로 넣기 위해 복사할 부분을 드래그하여 블록으로 설정한 후 메뉴에서 [편집] 탭-[복사하기(📋)]를 클릭합니다.

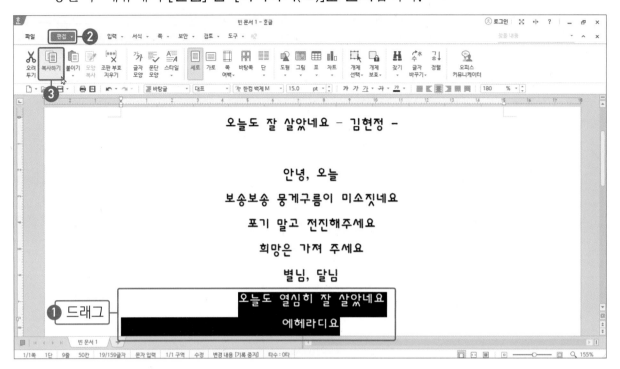

- 블록을 설정한 후 Ctrl 키를 누른 채 복사할 위치로 드래그한 후 마우스에서 손을 떼면 복사됩니다.
- 마우스 오른쪽 버튼을 누른 후 바로 가기 메뉴에서 [복사하기]를 클릭하거나 바로 가기 키 Ctrl + C 를 눌러도 됩니다.

**02** 2연의 마지막 줄 아래에 복사한 내용을 붙여넣기 위해 해당 부분을 클릭해 커서를 위치시킵니다.

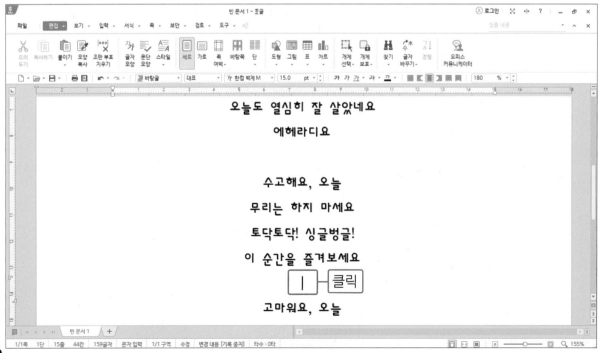

**03** 메뉴에서 [편집] 탭─[붙이기(📋)]를 클릭해 복사한 내용을 붙여넣습니다. 아래쪽에 빈 줄을 삽입하기 위해 Enter 키를 누릅니다.

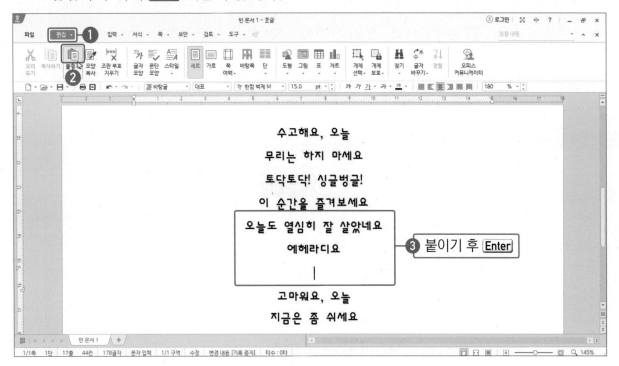

**04** 3연의 마지막 줄 아래에 한 번 더 복사한 내용을 붙여넣겠습니다. 복사할 위치를 클릭하고 마우스 오른쪽 버튼을 클릭한 후 바로 가기 메뉴에서 [붙이기]를 클릭합니다.

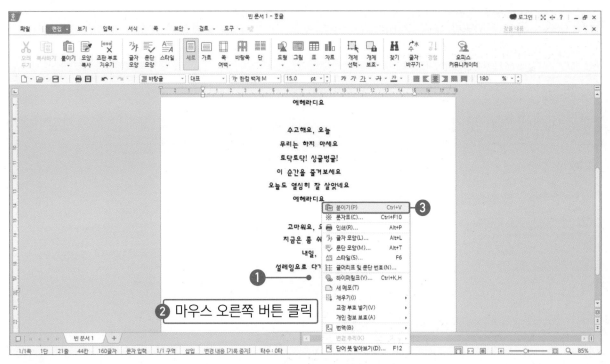

• 한 번 복사한 내용은 여러 번 붙이기를 할 수 있습니다.

• [붙이기]의 바로 가기 키는 Ctrl + V 입니다.

• 작업 중 실수를 했을 때는 [편집] 탭─[되돌리기]를 합니다. 바로 가기 키는 Ctrl + Z 입니다.

## ▶ 이동하기

**01** 제목 행에 있는 **이름**을 다음 줄로 이동하기 위해 **드래그**하여 블록으로 설정한 후 **[편집]** 탭-**[오려 두기( ✄ )]**를 클릭합니다. 오려 두기를 하면 블록으로 설정한 내용이 사라집니다.

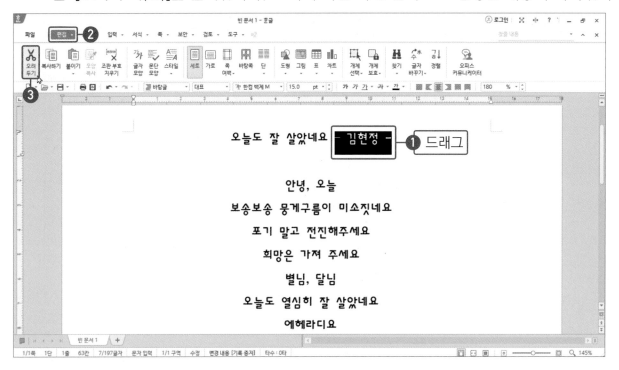

- 블록으로 설정한 부분은 마우스로 드래그해 이동할 수 있습니다.
- 마우스 오른쪽 버튼을 누른 후 바로 가기 메뉴에서 [오려 두기]를 클릭해도 됩니다. 바로 가기 키는 Ctrl + X 입니다.

**02** 제목 아래에 오려 두기 한 내용을 삽입하기 위해 해당 부분을 **클릭**해 커서를 위치시킵니다.

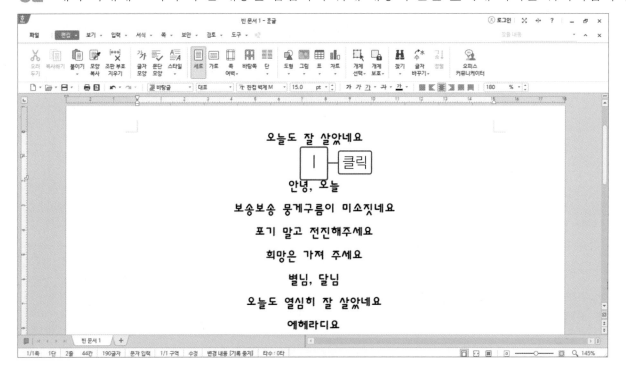

**03** 오려 두기 한 내용을 붙여넣기 위해 메뉴에서 [편집] 탭-[붙이기(📋)]를 클릭합니다.

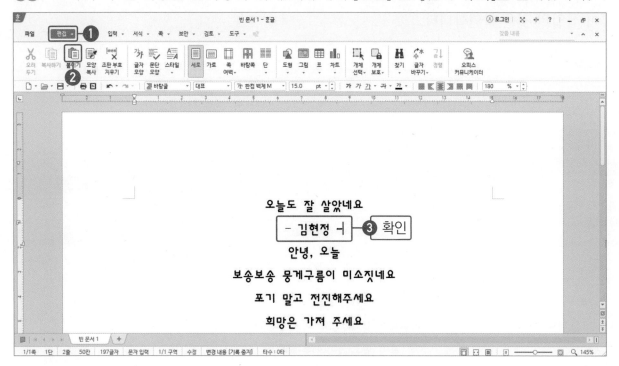

**04** 커서는 붙이기를 한 줄에 놓여 있습니다. 오른쪽으로 정렬하기 위해 서식 도구 상자에서 [오른쪽 정렬(▤)]로 설정합니다.

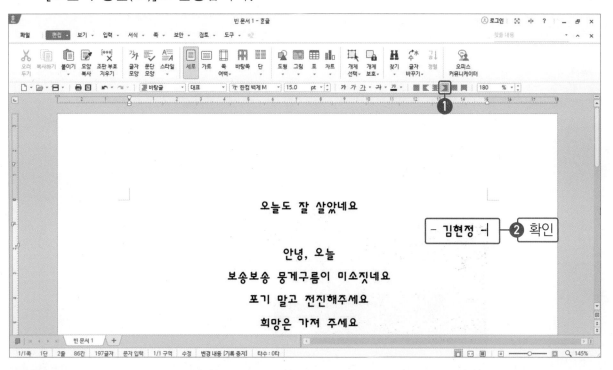

 한 줄을 정렬할 때는 블록을 설정하지 않아도 됩니다.

**05** 이름이 있는 커서 위치에서 아래쪽에 빈 줄을 삽입하기 위해 Enter 키를 누릅니다. 빈 줄이 삽입된 것을 확인합니다.

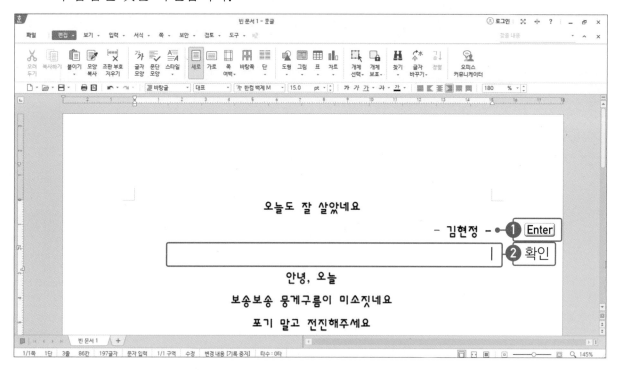

**06** 1연을 왼쪽으로 보내기 위해 드래그하여 블록으로 설정한 후 서식 도구 상자에서 [왼쪽 정렬(☰)]로 설정합니다.

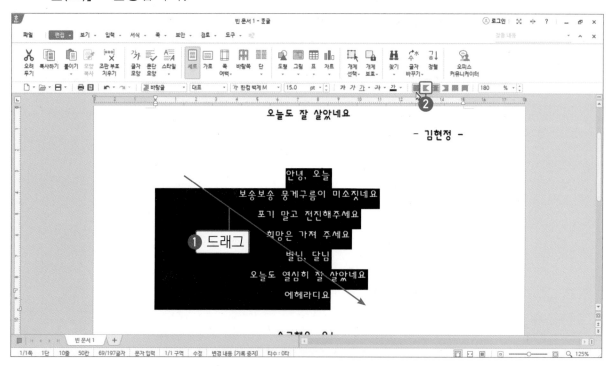

**07** 3연을 오른쪽으로 보내기 위해 드래그하여 블록으로 설정한 후 서식 도구 상자에서 [오른쪽 정렬(≣)]로 설정합니다.

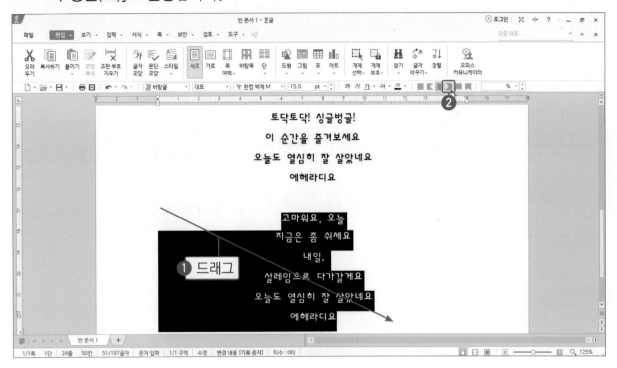

**08** 1연과 3연의 정렬을 확인합니다.

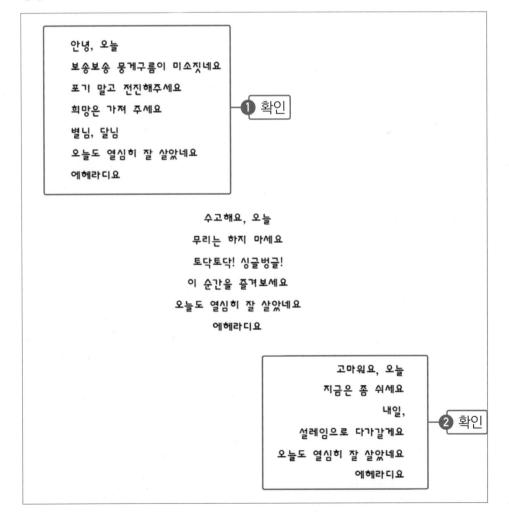

## ▶ 쪽 테두리 넣기

**01** 문서에 쪽 테두리를 설정하기 위해 메뉴에서 [쪽] 탭–[쪽 테두리/배경(▣)]을 클릭합니다.

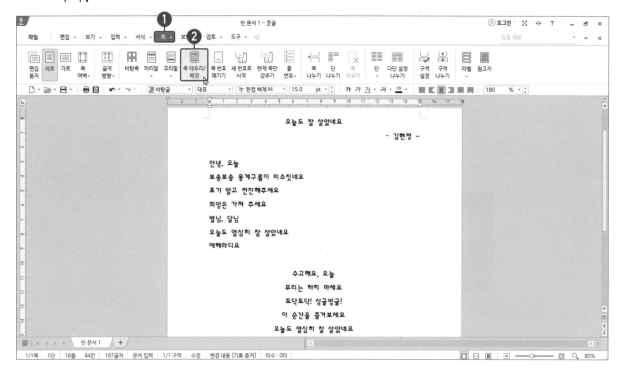

**02** [쪽 테두리/배경] 대화상자가 나타나면 [테두리] 탭의 테두리에서 [종류]를 클릭해 '이점쇄선'을 설정한 후 [모두(□)]를 클릭합니다.

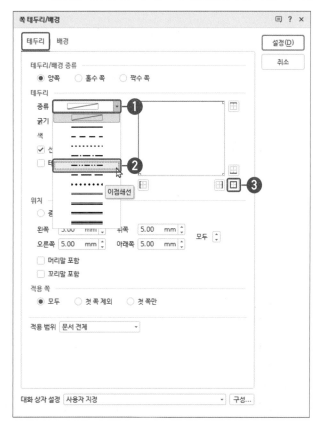

**03** [굵기]는 '0.7mm'로 설정한 후 [설정] 버튼을 클릭합니다.

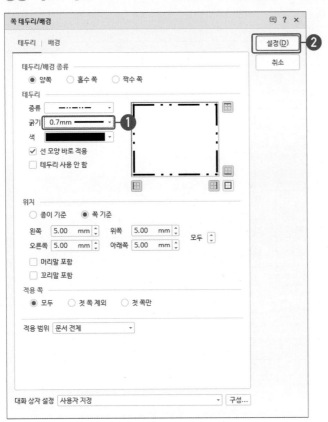

**04** 현재 쪽의 전체적인 레이아웃을 확인하기 위해 서식 도구 상자에서 [미리 보기(▯)]를 클릭합니다.

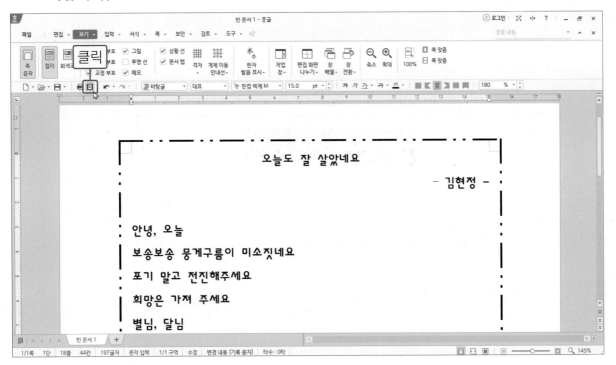

**05** 쪽 테두리가 설정된 것을 확인합니다. 미리 보기를 끝내고 편집 화면으로 돌아가기 위해
**Esc** 키를 누릅니다.

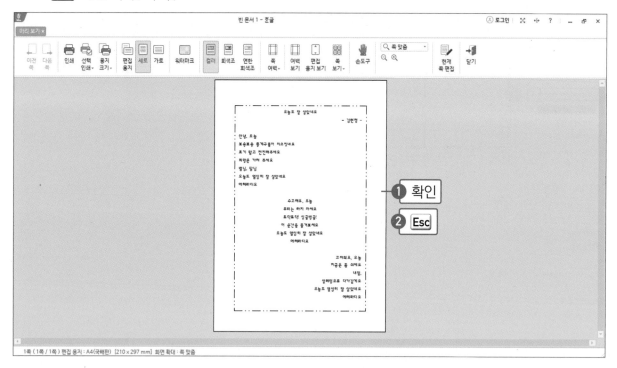

**06** 제목을 좀 더 크게 하기 위해 **제목을** 드래그하여 블록으로 설정한 후 서식 도구 상자에서
[글자 크기]를 '24pt'로 설정합니다.

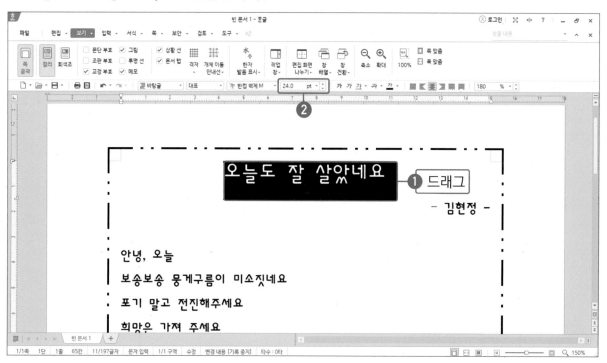

**07** 문서 전체를 드래그하여 블록으로 설정한 후 서식 도구 상자에서 [줄 간격]을 '180%'로 설정해 전체적인 레이아웃을 균형 있게 맞춰봅니다.

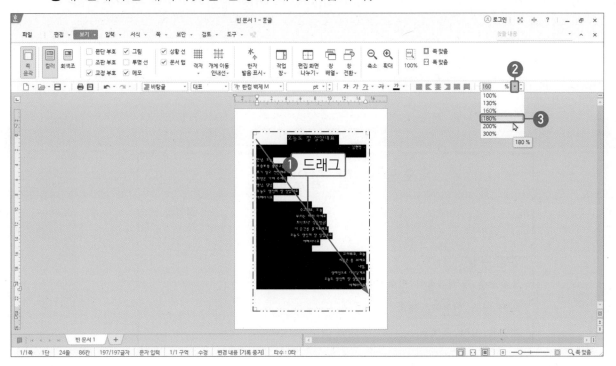

 [모두 선택]의 바로 가기 키는 Ctrl + A입니다.

**08** 문서를 전체적으로 확인합니다.

## ▶ 쪽 번호 매기기

**01** 문서에 쪽 번호를 넣기 위해 메뉴에서 [쪽] 탭–[쪽 번호 매기기(□)]를 클릭합니다.

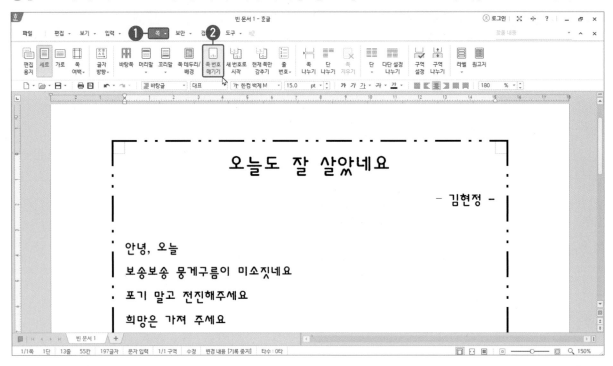

**02** [쪽 번호 매기기] 대화상자가 나타나면 번호 위치에서 '가운데 아래'와 번호 모양에서 '1,2,3'이 기본으로 설정된 것을 확인하고, [줄표 넣기]를 체크한 후 [넣기] 버튼을 클릭합니다.

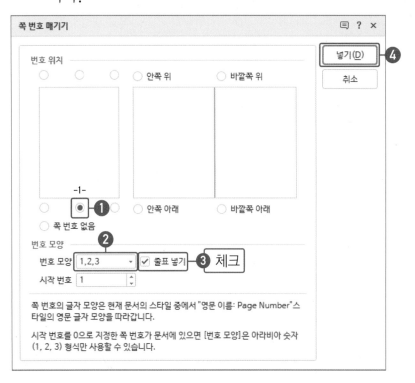

 [쪽 번호 매기기] 대화상자에서 번호 위치와 번호 모양은 사용자가 원하는 것으로 설정할 수 있습니다.

**03** 쪽 번호가 추가된 것을 확인합니다.

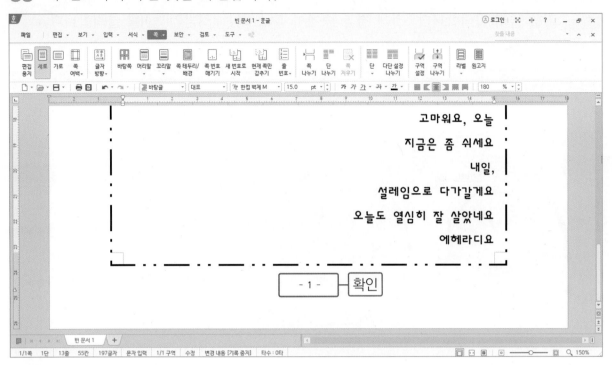

 [보기] 탭-[쪽 윤곽]이 해제되어 있으면 편집 창에 쪽 번호가 나타나지 않습니다.

## ▶ 클립아트 내려받아 삽입하기

**01** [한컴 애셋]에서 제공하는 클립아트를 내려받기 위해 메뉴에서 [도구] 탭-[한컴 애셋(📦)]을 클릭합니다.

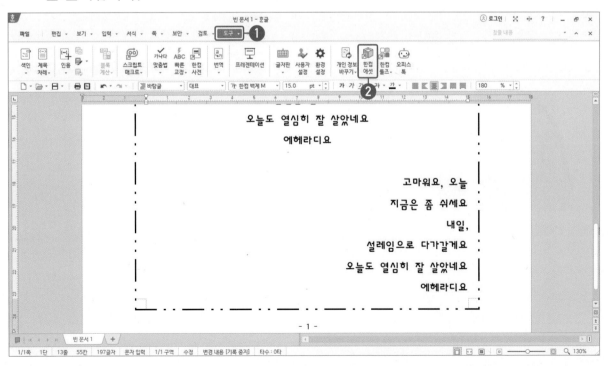

**02** [한컴 애셋] 대화상자가 나타나면 [클립아트] 탭을 클릭한 후 검색창에 '미소'를 입력하고 Enter 키를 눌러 검색합니다. 검색 결과 중에서 '미소'의 [내려받기( )]를 클릭합니다.

**03** 내려받기가 완료되었다는 대화상자가 나타나면 [확인] 버튼을 클릭합니다. 오른쪽 상단의 X를 클릭해 대화상자를 닫습니다.

**04** 내려받은 개체를 삽입하기 위해 메뉴에서 [편집] 탭-[그림(<sup>그림</sup>)]-[그리기마당]을 클릭합니다.

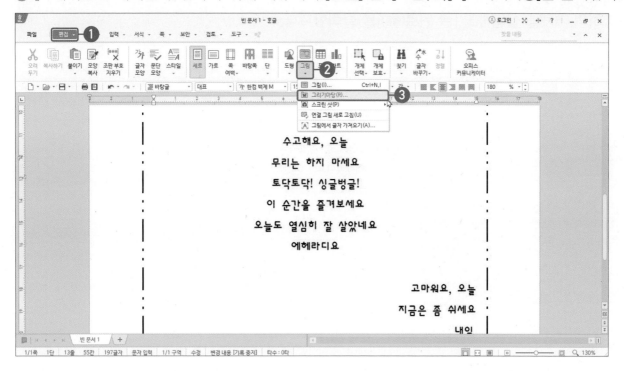

**05** [그리기마당] 대화상자가 나타나면 [내려받은 그리기마당] 탭을 클릭합니다. 공유 클립아트에서 내려받은 이미지 개체를 선택한 후 [넣기] 버튼을 클릭합니다.

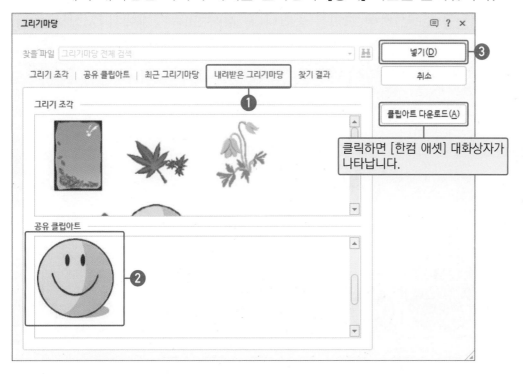

**06** 마우스 포인터가 '+' 모양으로 바뀌면 원하는 위치로 마우스 포인터를 이동한 후 드래그하여 개체를 삽입하고 [글 뒤로(畫)]를 클릭합니다.

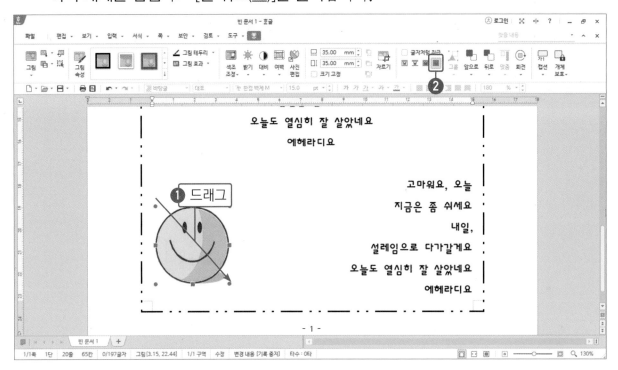

**07** 개체를 복사하기 위해 삽입한 이미지를 선택하고 Ctrl 키를 누른 채 드래그하여 복사한 후 이미지의 크기 조절점을 드래그하여 크기를 줄입니다. 서식 도구 상자에서 [저장하기(目)]를 클릭한 후 '감동 시화.hwp'로 저장합니다.

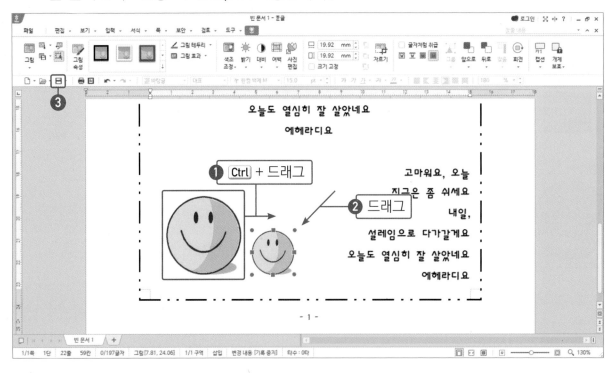

**01** 새 문서를 열고 다음과 같이 입력해 봅니다.

- 편집 용지 방향 : 가로
- 글자 크기 : 본문 크기 '16pt', 제목 크기 '24pt'
- 글꼴 : HY나무B
- 문단 모양 : 제목 : (간격 - 문단 위 '20pt'), 지은이 : (여백 - 오른쪽 '20pt')

둘 다

윤동주

바다도 푸르고
하늘도 푸르고

바다도 끝없고
하늘도 끝없고

바다에 돌던지고
하늘에 침뱉고

바다는 벙글
하늘은 잠잠

**02** 문제 **01**의 파일에서 다음과 같이 문단 테두리와 배경을 꾸며 봅니다.

- 쪽 테두리 배경 : 테두리 종류 - 이중 실선
          배경 - 그러데이션 (시작 색 : 흰색, 끝 색 : 초록 80% 밝게)
          유형 - 가로

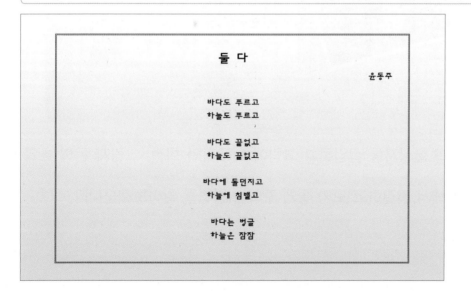

**03** 문제 **02**의 파일을 '시.hwp'로 저장해 봅니다.

# 06 앨범 만들기

- 그림 삽입하기
- 그림 테두리/색 채우기 설정하기
- 그림 효과 설정하기
- 글상자 삽입하기
- 그림 자르기
- 그림 바꾸기
- 그림 파일로 저장하기

■ 준비파일 : 꽃.jpg, 고양이.jpg, 첨성대.jpg, 해.png, 비행기.png
■ 완성파일 : 앨범 만들기.hwp

이번 장에서는 그림과 글상자를 삽입하고 그림에 테두리와 회전, 그림자 등의 효과를 적

용한 후 개체를 복사해서 간결하고 보기 좋게 꾸미는 방법을 알아보겠습니다.

**그림과 글상자 실습 | 커버 사진 만들기**

문서에 사진이나 그림을 삽입하고, 그림 테두리와 그림자 효과를 적용해 보겠습니다. 글상자를 이용해 텍스트를 입력해 다음과 같은 커버 사진을 만들어 봅니다.

📁 준비파일 : 촬영.jpg, 데이지.png    📁 완성파일 : 커버 사진.hwp

## ▶ 문서에 그림 추가하기

**01** 한글을 실행합니다. 그림을 삽입하기 위해 메뉴에서 [편집] 탭-[그림(🖼)]을 클릭합니다.

 [그림]의 바로 가기 키는 Ctrl + N, I 입니다.

**02** [그림 넣기] 대화상자가 나타나면 '준비파일' 폴더에서 '촬영.jpg'를 선택합니다. 하단의 '문서에 포함', '마우스로 크기 지정'을 체크한 후 [열기] 버튼을 클릭합니다.

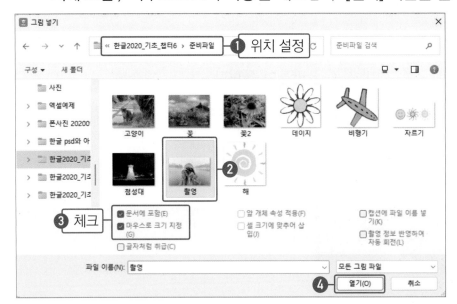

 **[그림 넣기] 대화상자 살펴보기**

- **문서에 포함** : 그림 파일이 문서에 포함되어 저장되므로 원본 그림 파일을 수정하거나 위치가 변경되어도 영향을 받지 않고 그림이 사라지지 않습니다.
- **마우스로 크기 지정** : 사용자가 원하는 위치에서 마우스를 드래그해 설정한 크기로 그림을 삽입합니다. 이 항목을 체크하지 않고 [열기] 버튼을 클릭하면 현재 커서 위치에 원본 크기로 그림이 삽입됩니다.
- **글자처럼 취급** : 그림 개체를 보통 글자와 같게 취급하므로 글을 입력하거나 지우면 그림 위치도 같이 변합니다.
- **앞 개체 속성 적용** : 이전에 삽입한 그림의 속성([개체 속성] 대화상자의 속성)이 적용되어 그림이 삽입됩니다. 단, [마우스로 크기 지정]을 선택한 경우 이전 개체 속성이 적용되지 않습니다.
- **셀 크기에 맞추어 삽입** : 그림을 셀 크기에 맞추어 삽입합니다. [글자처럼 취급]을 선택한 경우에만 적용할 수 있습니다. 셀을 선택하지 않고 본문을 선택했을 경우 그림이 편집 창 폭에 맞추어 삽입됩니다.
- **캡션에 파일 이름 넣기** : 그림을 삽입할 때 그림 파일 이름을 캡션으로 자동 입력합니다.
- **촬영 정보 반영하여 자동 회전** : 그림 파일 속성에 저장된 사진 촬영 정보(EXIF)의 회전 값을 기준으로 그림 파일을 자동으로 회전하여 삽입합니다.

**03** 마우스 포인터가 십자 모양(+)으로 변하는데 이때 **드래그**하면 사각형이 그려집니다. 적당한 크기가 되었을 때 마우스에서 손을 떼면 그림이 나타납니다.

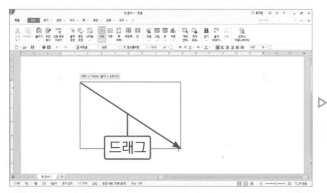
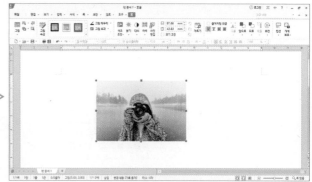

- 그림이 선택된 상태에서 Delete 키를 누르면 그림을 삭제할 수 있습니다.
- 만약 [보기] 탭에서 [그림]을 체크 해제하면 그림이 편집 창에 표시되지 않습니다. 미리 보기 또는 인쇄 시에는 그림이 정상적으로 표시됩니다.

**04** 그림의 조절점에 마우스 포인터를 놓으면 포인터 모양이 ⤡로 바뀌는데 마우스 왼쪽 버튼을 누른 채 그림의 안쪽으로 드래그하면 그림의 크기가 작아지고, 바깥쪽으로 드래그하면 크기가 커집니다.

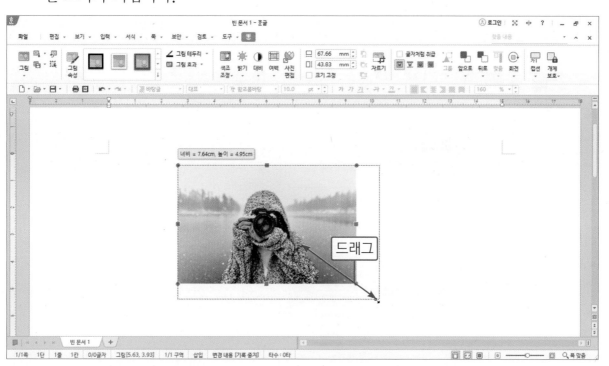

**키보드로 그림 크기 조절하기**
- Shift + ← : 그림의 너비를 1mm 줄입니다.
- Shift + → : 그림의 너비를 1mm 늘립니다.
- Shift + ↑ : 그림의 높이를 1mm 줄입니다.
- Shift + ↓ : 그림의 높이를 1mm 늘립니다.

**05** 그림이 삽입되면 그림 테두리를 설정하기 위해 메뉴에서 [그림(  )]–[그림 테두리(  )]의 ▼를 클릭한 후 '검정'으로 설정합니다.

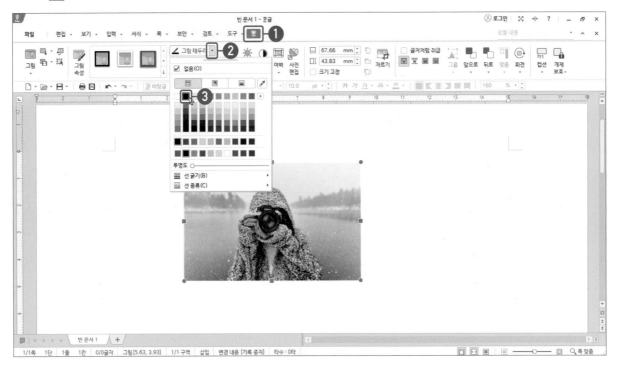

**06** 그림 테두리의 굵기를 설정하기 위해 [그림 테두리(  )]의 ▼–[선 굵기]를 클릭해 '1mm'로 설정합니다.

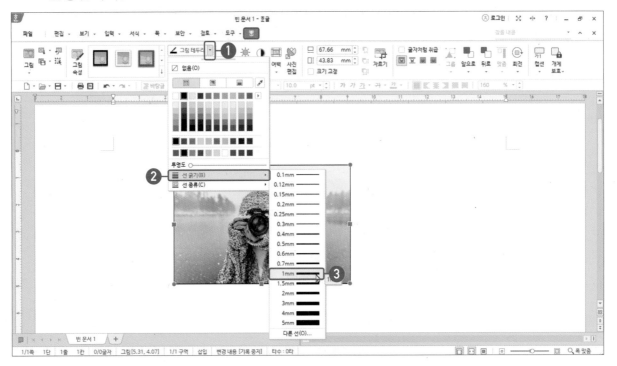

**07** 그림자 효과를 적용하기 위해 [그림 효과()]의 ▼–[그림자]를 클릭한 후 [대각선 오른쪽 아래]로 설정합니다.

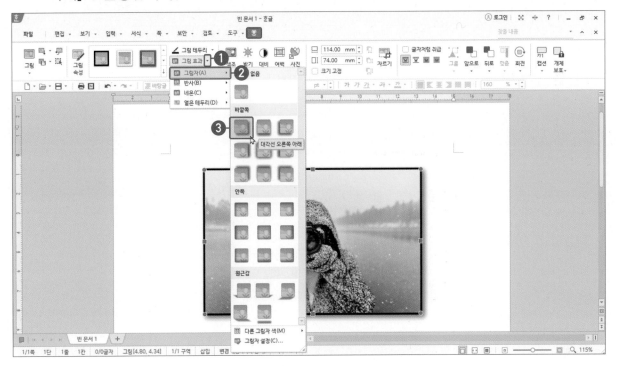

**잠깐**
- 적용된 그림자 효과는 [그림자 없음]을 클릭해 해제할 수 있습니다.
- 그림에 그림자뿐만 아니라 반사, 네온, 엷은 테두리 등과 같은 다양한 효과를 적용할 수 있습니다.
- 그림을 선택하고 메뉴에서 [서식]의 ▼–[개체 속성]을 클릭하거나, 바로 가기 키 [P]를 눌러 크기와 위치, 여백/캡션, 선, 채우기 등을 설정할 수도 있습니다.

**08** 01~03과 같은 방법으로 '준비파일' 폴더에서 '데이지.png' 파일을 불러와 삽입한 후 [Ctrl] 키를 누른 채 드래그해 오른쪽 아래에 복사합니다.

## ▶ 글상자를 이용해 텍스트 추가하기

**01** 이미지에 텍스트를 추가하기 위해 메뉴에서 [입력] 탭-[가로 글상자(▤)]를 클릭합니다.

**02** 글상자를 넣을 곳에 마우스 포인터를 위치한 후 드래그해 글상자가 생기면 '세상을 담는 눈'이라고 입력한 후 드래그하여 블록으로 설정합니다. 서식 도구 상자에서 [글자 크기]는 '12pt', [진하게(**가**)], [가운데 정렬(▤)]로 설정합니다.

**03** 글상자를 선택하고 Ctrl 키를 누른 채 아래쪽으로 드래그해서 복사한 후 텍스트를 '기록은 추억이 된다'라고 수정합니다. 수정한 텍스트를 드래그하여 블록으로 설정한 후 서식 도구 상자에서 [글자 크기]를 '20pt'로 설정하고 글상자의 크기 조절점을 드래그하여 텍스트에 맞춰 크기를 조절합니다.

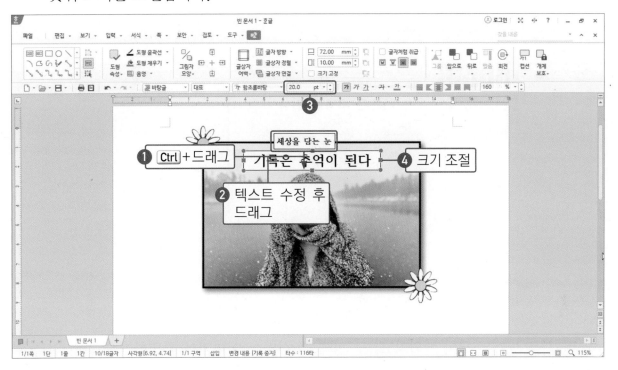

**04** 글상자의 테두리를 없애기 위해 [도형 윤곽선(✐)]의 ▼-[없음]을 클릭합니다.

**05** 글상자의 색을 없애기 위해 글상자가 선택된 상태에서 [도형 채우기(🖌)]의 ▼-[없음]을 클릭합니다. 같은 방법으로 '세상을 담는 눈' 글상자의 채우기 색을 '노랑'으로 설정합니다.

**06** 첫 번째 글 상자는 색이 채워지고, 두 번째 글 상자는 이미지에 투명하게 올라간 것을 확인합니다. 서식 도구 상자에서 [저장하기(💾)]를 클릭해 '커버 사진.hwp'로 저장합니다.

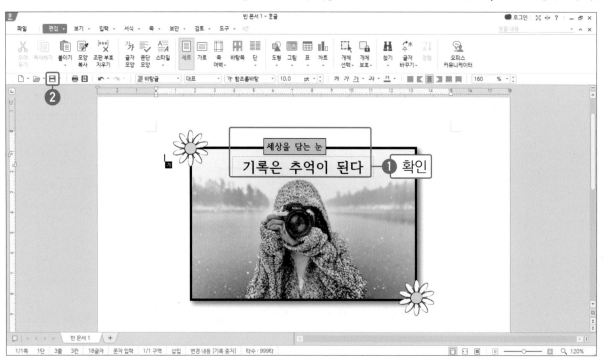

## 02 나만의 미니 앨범 만들기

▶ **그림 삽입하기**

**01** 서식 도구 상자에서 [새 문서(□)]를 클릭해 새로운 문서를 엽니다. 용지 방향을 가로로 설정하기 위해 메뉴에서 [편집] 탭–[가로(▤)]를 클릭합니다.

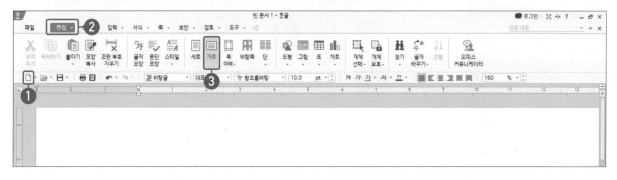

**02** 배경 색을 설정하기 위해 메뉴에서 [쪽] 탭–[쪽 테두리/배경(▥)]을 클릭합니다.

**03** [쪽 테두리/배경] 대화상자가 나타나면 [배경] 탭을 클릭합니다. 채우기에서 '색'을 선택하고 [면 색]을 클릭해 '주황'으로 설정한 후 [설정] 버튼을 클릭합니다.

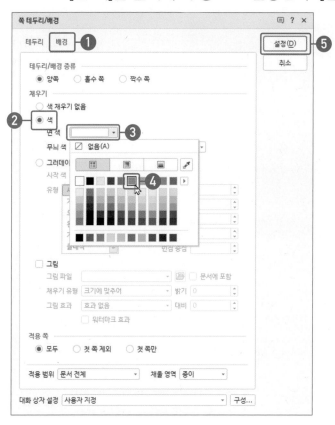

**04** 그림을 삽입하기 위해 메뉴에서 [편집] 탭-[그림(📷)]을 클릭합니다. [그림 넣기] 대화상자
가 나타나면 '준비파일' 폴더에서 '꽃.jpg'를 선택한 후 [열기] 버튼을 클릭합니다.

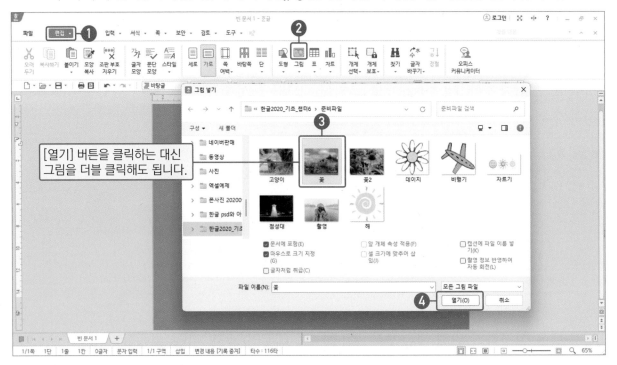

**05** 마우스 포인터가 십자 모양(+)으로 변하면 드래그해서 그림을 삽입합니다. 삽입한 그림이
선택된 상태에서 [그림(📷)] 탭의 그림 스타일 중 [회색 아래쪽 그림자]를 설정합니다.

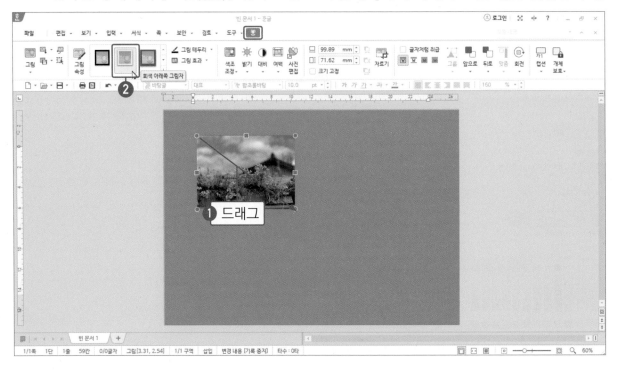

 삽입된 그림은 드래그해서 위치를 이동할 수 있고, 조절점을 드래그해서 크기를 조절할 수 있습니다.

**06** [회색 아래쪽 그림자] 스타일이 적용된 것을 확인합니다. **04~05**와 같은 방법으로 '준비 파일' 폴더에서 '고양이.jpg'와 '첨성대.jpg' 이미지를 각각 불러와 삽입한 후 같은 스타일을 적용합니다.

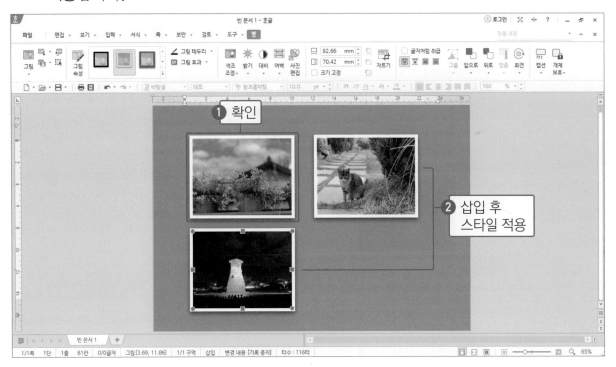

**07** 두 번째 사진을 회전시키기 위해 사진을 선택한 후 메뉴에서 [그림(🖼️)] 탭–[회전(🔄)]–[개체 회전]을 클릭합니다.

**잠깐**

**[회전]의 상세 메뉴**
- 개체 회전 : 마우스로 드래그해서 자유롭게 회전합니다.
- 왼쪽(오른쪽)으로 90도 회전 : 사진이 반시계(시계) 방향으로 90° 회전됩니다.
- 좌우 대칭/상하 대칭 : 사진을 왼쪽과 오른쪽/위아래로 뒤집어 줍니다.

**08** 초록점에 마우스 포인터를 위치시키고 마우스를 움직여 자유롭게 회전시켜 줍니다.

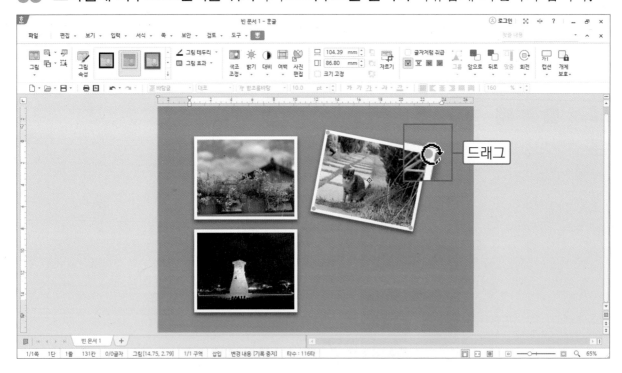

그림 속성을 [글자처럼 취급]으로 설정했을 때는 개체 회전을 할 수 없습니다.

**09** 세 번째 사진도 같은 방법으로 회전해 배치합니다. 텍스트를 입력하기 위해 메뉴에서 [입력] 탭-[가로 글상자(▤)]를 클릭합니다.

**10** 마우스를 드래그해 글상자를 삽입하고 서식 도구 상자에서 [글꼴]은 '한컴 백제 B', [글자 크기]는 '32pt', [가운데 정렬(≡)]로 설정한 후 '여행의 순간을 캡처하다!'라고 입력합니다.

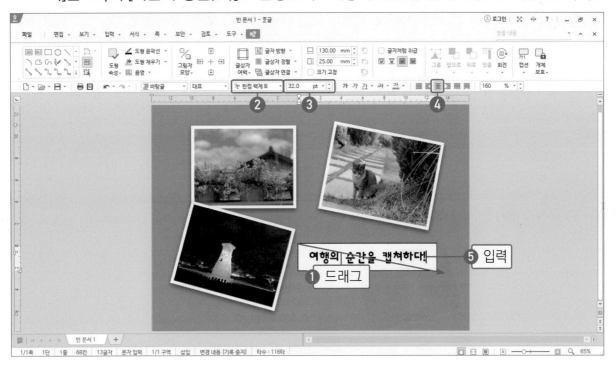

**11** 글상자를 선택하고 Ctrl 키와 Shift 키를 누른 채 아래쪽으로 드래그해서 글상자를 복사한 후 텍스트를 '여행에서 만난 소중한 추억'으로 수정합니다. 수정한 텍스트를 드래그하여 블록으로 설정한 후 [글꼴]은 '한컴 쿨재즈 B', [진하게(가)]로 설정합니다.

Ctrl + Shift + 드래그 : 개체를 수직, 수평 방향으로 복사합니다.

**125**

**12** '준비파일' 폴더에서 '해.png'와 '비행기.png' 이미지를 불러와 자유롭게 배치한 후 전체 레이아웃을 확인합니다. 서식 도구 상자에서 [저장하기(💾)]를 클릭해 '앨범 만들기.hwp'로 저장합니다.

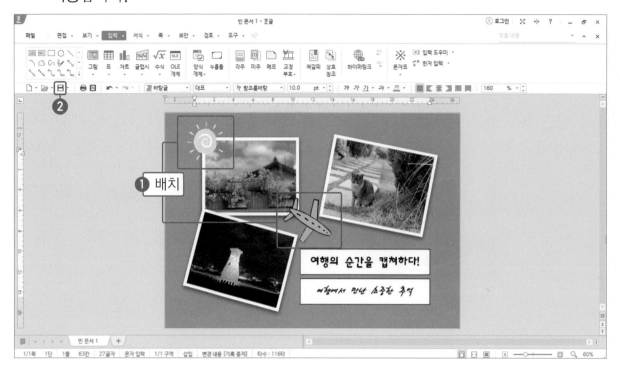

---

## (03) 그림 자르기

**01** 메뉴에서 [편집] 탭-[그림(🖼)]을 클릭한 후 '준비파일' 폴더에서 '자르기.png' 파일을 불러옵니다. 그림을 선택하고 메뉴에서 [그림(🖼)] 탭-[자르기(🗗)]를 클릭하면 그림 테두리에 8개의 경계선이 나타납니다.

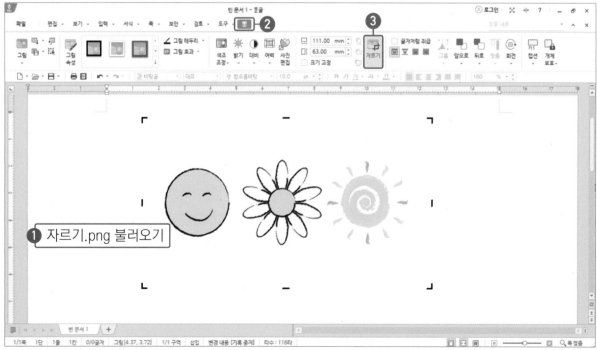

**02** 경계선을 마우스 왼쪽 버튼으로 누른 상태에서 그림의 안쪽으로 드래그해 필요한 부분만 남깁니다.

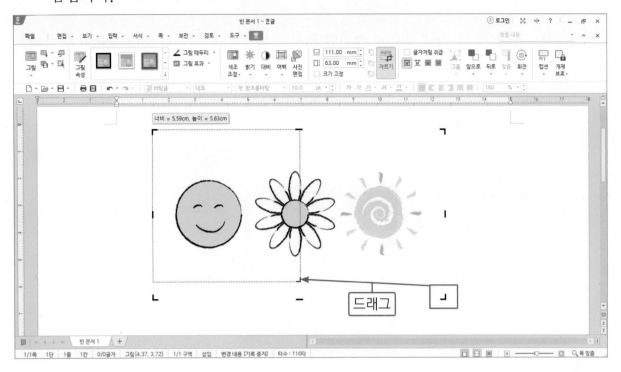

**03** [자르기(□)]를 다시 한 번 클릭해 그림 자르기를 마무리합니다.

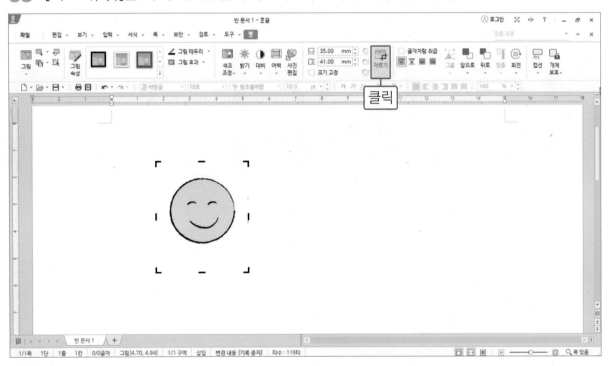

**Shift 키를 이용해 그림 자르기**
그림을 선택한 후 Shift 키를 누른 채 크기 조절점으로 이동하면 마우스 포인터 모양이 바뀌면서 자르기 상태가 됩니다. 그림의 안쪽으로 드래그하면 그림을 자를 수 있고, 그림을 자른 후 Shift 키를 누른 채 경계선을 그림의 바깥쪽으로 드래그하면 원래 상태로 되돌릴 수 있습니다.

**01** '준비파일' 폴더에서 '해.png' 파일을 불러와 문서에 삽입한 후 다음과 같이 꾸미고 복사해 봅니다.

> • 그림 크기 : 너비와 높이가 '60mm'인 정사각형 이미지로 삽입
> • 그림 스타일 : 파란색 아래쪽 그림자

**02** 문제 **01**의 파일을 다음과 같이 '데이지.png' 이미지로 교체해 봅니다.

> • 교체할 이미지를 선택하고 [그림(🔽)] 탭─[바꾸기/저장(📑)]─[그림 바꾸기]를 클릭
> • [그림 바꾸기] 대화상자에서 바꿀 그림을 선택한 후 [열기] 버튼을 클릭

**03** 문제 **02**의 파일을 '액자.hwp'로 저장해 봅니다.

**04** '준비파일' 폴더에서 '시.hwp' 파일을 불러옵니다. 한컴 애셋에서 클립아트를 내려받은 후 그리기 마당에서 해당 클립아트를 다음과 같이 삽입해 문서를 만들어 봅니다.

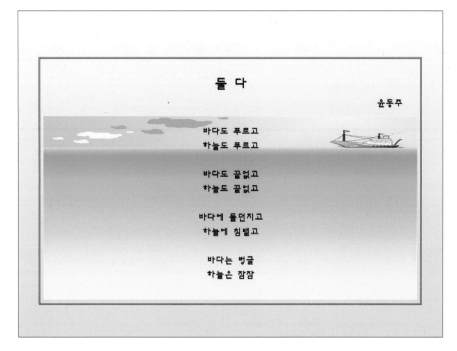

- [편집] 탭–[그림(　)]–[그리기 마당]–[내려받은 그리기 마당]의 [클립아트 다운로드]에서 클립아트를 검색(예 : 바다)해 내려받기
- [개체 속성] : 본문과의 배치는 '글 뒤로'를 설정

**05** 문제 **04**의 파일을 '시.hwp'로 변동 내용을 저장한 후 [다른 이름으로 저장하기]를 이용해 파일 형식을 PNG 이미지 형식인 '시.png'로 저장해 봅니다.

# 07 나만의 스티커 로고 만들기

- 도형 삽입하기
- 글맵시 삽입하기
- 개체 복사
- 개체 묶기와 풀기
- 본문과의 배치

📁 준비파일 : 썸타는스마일.png
📁 완성파일 : 스티커로고.hwp

## 미 / 리 / 보 / 기

이번 장에서는 도형과 글맵시를 활용해 나만의 레터링 스티커 로고를 만들어 봅니다. 더불어 개체 묶기와 이동 및 복사하는 방법, 순서와 간격을 균등하게 배치하는 방법을 알아보겠습니다.

도형을 이용해 선과 사각형, 원을 배치하고 개체 묶기와 풀기를 이용해 나만의 예쁜 메모지를 만들어 봅니다.

📁 완성파일 : 메모지.hwp

## ▶ 문서에 도형 삽입하기

**01** 한글을 실행합니다. 도형을 삽입하기 위해 메뉴에서 [편집] 탭—[도형(🔺)]—[직사각형(□)]을 클릭합니다. 마우스 포인터가 '+' 모양으로 변경되면 Shift 키를 누른 채 드래그하여 정사 각형을 그립니다.

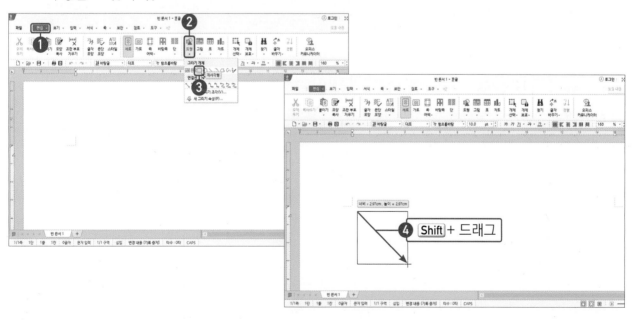

 [입력] 탭에서도 도형을 삽입할 수 있습니다.

**131**

**02** 정확한 크기를 위해 메뉴의 [도형()] 탭의 기본 도구 상자에서 [너비(□)]와 [높이(囗)]를 각각 '80mm'로 설정합니다. 도형 테두리를 한 번에 변경하기 위해 정사각형을 더블 클릭합니다.

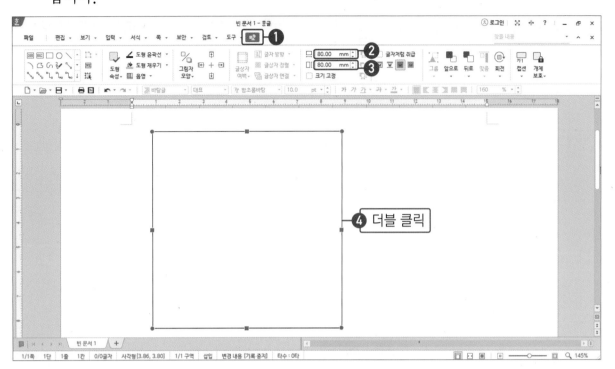

💡 **잠깐** • 삽입된 개체가 선택되어 있지 않으면 [도형(■)] 탭이 나타나지 않습니다. 도형을 클릭하면 조절점이 나타나고 선택된 상태가 됩니다.
• 문서에 삽입된 개체를 선택하면 개체의 종류에 따라 [도형(■)] 탭, [그림(■)] 탭 등의 개체 탭이 표시됩니다.

**03** [개체 속성] 대화상자가 나타나면 [선] 탭을 클릭한 후 선에서 [색]은 '노랑', [종류]는 '얇고 굵은 이중선', [굵기]는 '2mm'로 설정합니다.

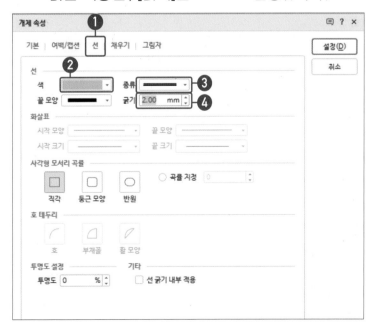

**04** 색을 넣기 위해 [채우기] 탭을 클릭한 후 [면 색]을 클릭해 '노랑 80% 밝게'를 선택하고 [설정] 버튼을 클릭합니다.

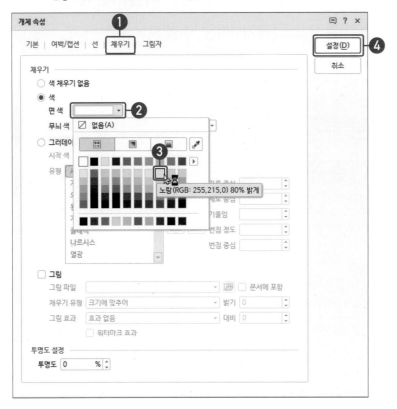

**05** 도형 테두리의 선과 색이 채워진 것을 확인합니다.

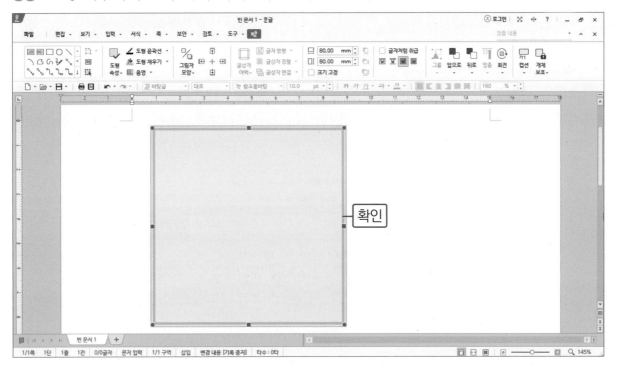

# ▶ 도형에 글자 넣기

**01** 도형 안에 글자를 넣기 위해 [도형(■)] 탭-[글자 넣기(⅐⅐)]를 클릭합니다. 서식 도구 상자에서 [글꼴]은 '한컴 백제 B', [글자 크기]는 '24pt', [글자 색]은 '주황'으로 설정한 후 'Memo'를 입력합니다.

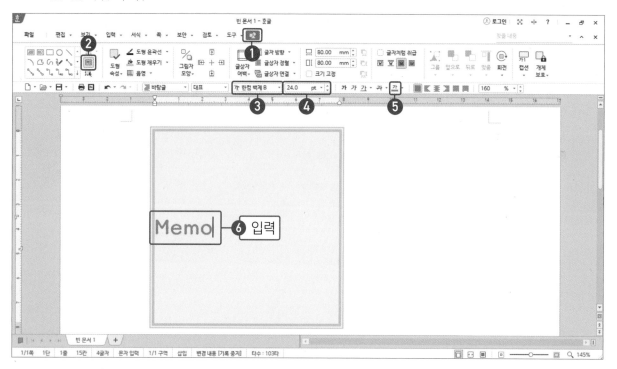

 마우스 오른쪽 버튼을 클릭한 후 바로 가기 메뉴에서 [도형 안에 글자 넣기]를 클릭해도 됩니다.

**02** 텍스트의 위치를 왼쪽 위로 변경해 보겠습니다. [도형(■)] 탭-[글상자 정렬(▤)]-[왼쪽 위]를 클릭한 후 텍스트 위치가 변경된 것을 확인합니다. [글상자 여백(□)]-[보통]을 클릭합니다.

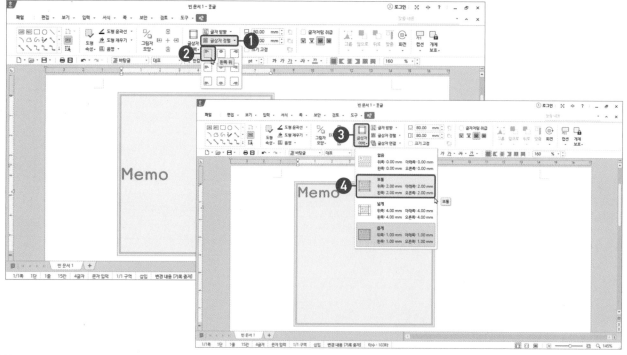

## ▶ 선 그리기

**01** 선을 그리기 위해 메뉴에서 [편집] 탭–[도형(🔔)]–[직선(＼)]을 클릭합니다. 마우스 포인터의 모양이 '+'로 변경되면 Shift 키를 누른 채 드래그하여 직선을 그린 후 [너비(▢)]를 '60mm'로 설정합니다. 선의 모양을 변경하기 위해 직선을 더블 클릭합니다.

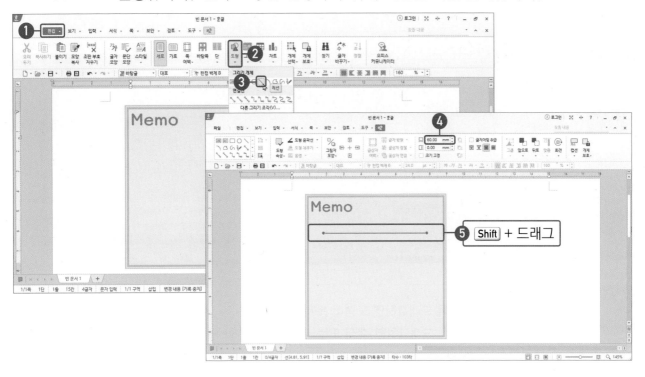

**02** [개체 속성] 대화상자가 나타나면 [선] 탭을 클릭하고 선에서 [색]은 '주황', [종류]는 '원형 점선', [굵기]는 '0.25mm'로 설정한 후 [설정] 버튼을 클릭합니다.

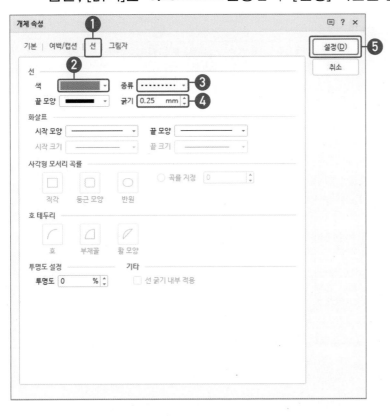

**03** 선을 선택하고 Ctrl + Shift 키를 누른 채 아래쪽으로 드래그하여 복사합니다.

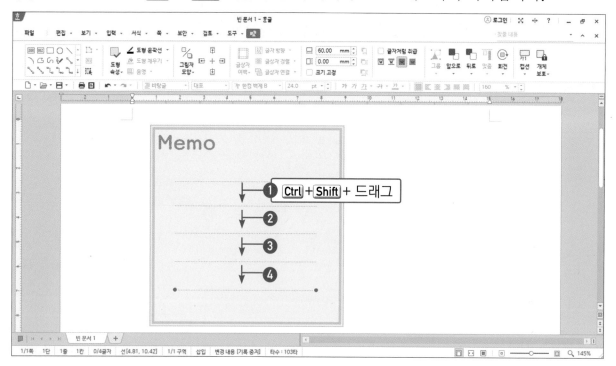

- Ctrl 키를 누른 채 도형을 드래그하면 도형이 복사됩니다.
- Ctrl + Shift 키를 누른 채 드래그하면 수직 또는 수평으로 복사할 수 있습니다.

**04** 간격을 동일하게 맞추기 위해 Shift 키를 누른 채 각각의 선을 클릭해 모두 선택한 후 메뉴의 [도형(▨)] 탭–[맞춤(▥)]–[세로 간격을 동일하게]를 클릭합니다.

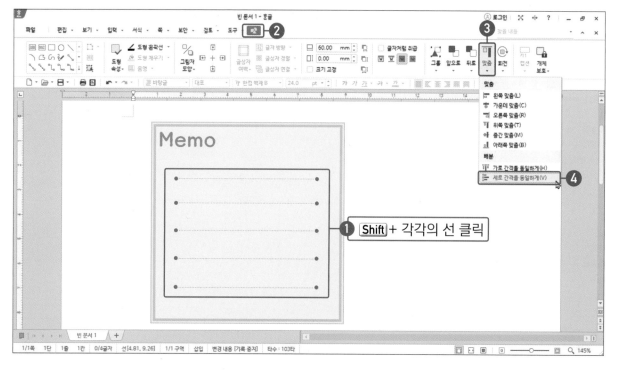

[도형] 탭–[개체 선택(▨)]을 클릭한 후 드래그하면 여러 개체를 선택하기 편리합니다.

**136**

## ▶ 타원으로 꽃잎 만들기

**01** 타원을 이용해 꽃잎을 만들어 보겠습니다. 메뉴에서 [편집] 탭–[도형(🖼)]–[타원(○)]을 선택합니다. 마우스 포인터의 모양이 '+'로 변경되면 드래그하여 타원을 그린 후 메뉴의 [도형(🖼)] 탭의 기본 도구 상자에서 [도형 채우기(🎨)]는 '주황', [도형 윤곽선(✏)]은 '없음'으로 설정합니다.

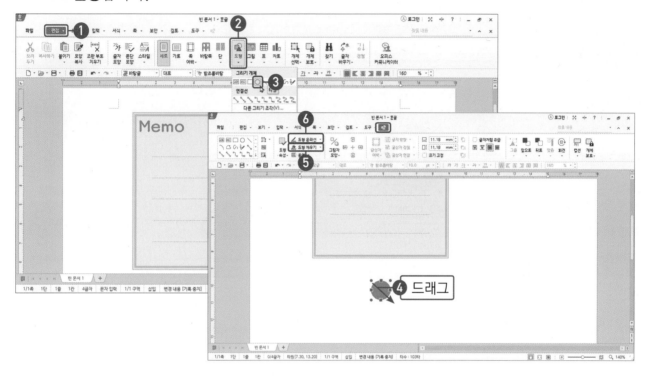

**02** 주황색의 타원을 클릭하고 Ctrl 키를 누른 채 드래그하여 4개를 더 만들어 그림과 같이 배치합니다. 중앙에 테두리가 없는 흰색 정원을 하나 더 그린 후 주황색 꽃잎의 크기 조절점을 드래그해 꽃잎의 모양을 자연스럽게 조절합니다.

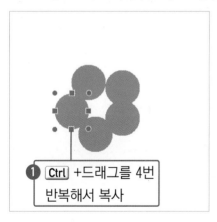

**❶** Ctrl +드래그를 4번 반복해서 복사

**❷** 흰색 정원 만들기

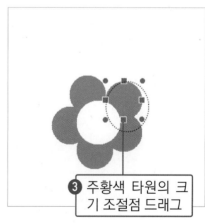

**❸** 주황색 타원의 크기 조절점 드래그

**03** 메뉴에서 [도형(■)] 탭–[개체 선택(⬚)]을 클릭한 후 대각선 방향으로 드래그해 타원을 모두 선택합니다. 선택된 개체를 그룹화하기 위해 메뉴에서 [도형(■)] 탭–[그룹(⬚)]–[개체 묶기]를 클릭합니다.

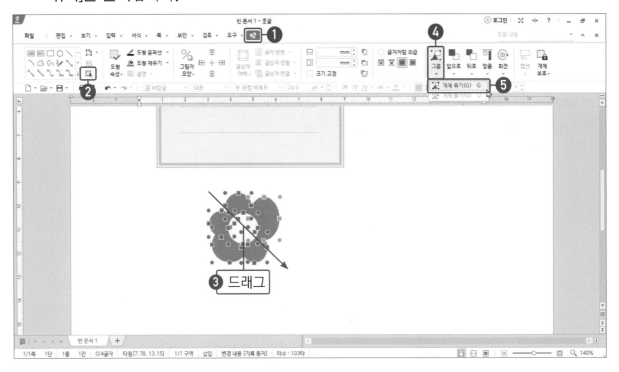

**04** 개체 묶기가 된 꽃 모양 개체를 드래그해 메모지 안에 배치하고 Ctrl 키를 누른 채 드래그해서 복사한 후 크기를 작게 조절합니다.

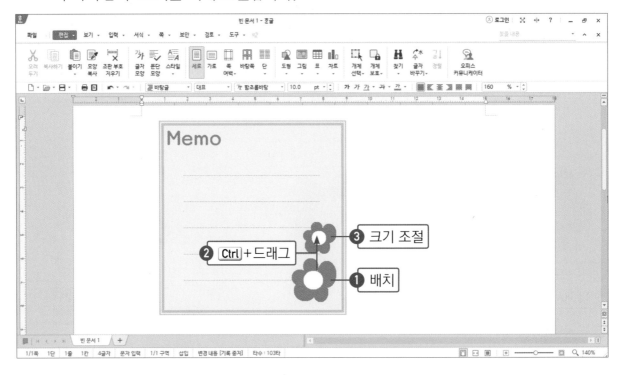

**05** 개체 묶기가 된 도형의 색을 변경하려면 개체 풀기를 해야 합니다. 색을 변경할 도형을 선택한 후 메뉴에서 [도형(■)] 탭-[그룹(■)]-[개체 풀기]를 클릭합니다.

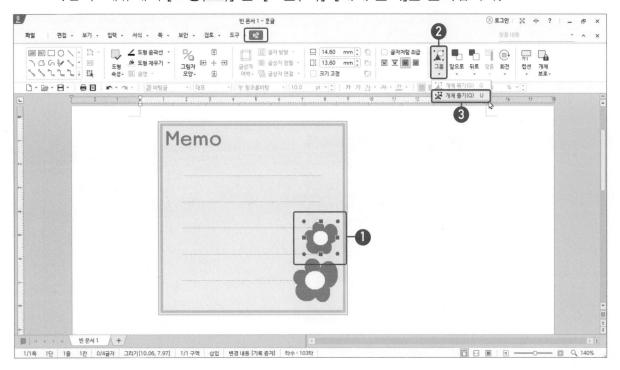

**06** Esc 키를 눌러 개체 선택을 해제한 후 흰색을 제외한 주황색의 타원 5개만 Shift 키를 누른 채 클릭해 선택합니다. [도형 채우기(■)]를 클릭한 후 '초록 60% 밝게'로 설정합니다.

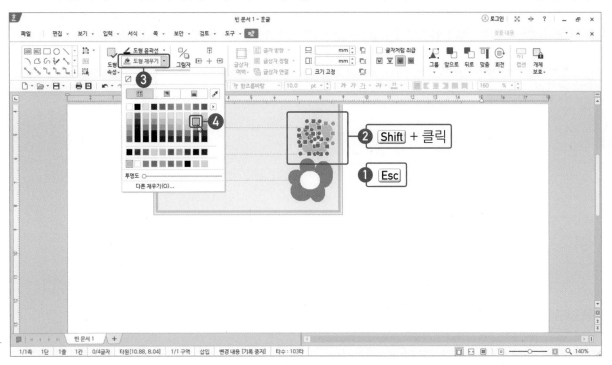

**07** 메뉴에서 [도형(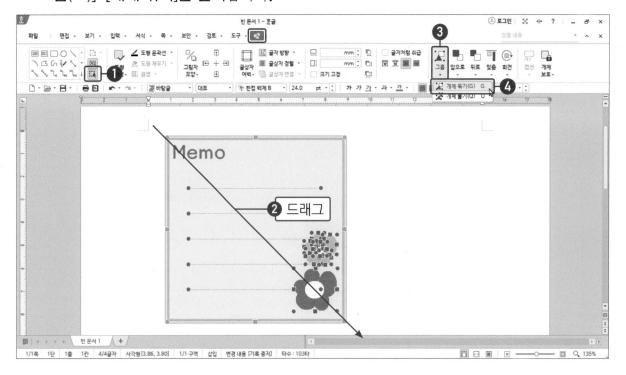)] 탭–[개체 선택(<sub>▦</sub>)]을 클릭한 후 드래그하여 개체를 모두 선택하고 [그룹(▥)]–[개체 묶기]를 클릭합니다.

**08** Esc 키를 눌러 선택을 해제합니다. 서식 도구 상자에서 [저장하기(💾)]를 클릭해 '메모지 .hwp'로 저장합니다.

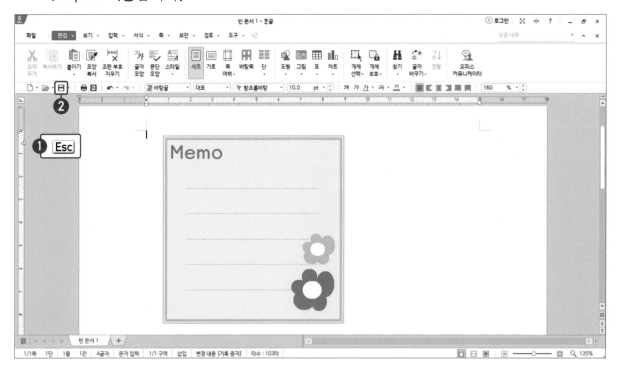

# 02 글맵시 만들기

글맵시는 문자를 구부리거나 외곽선, 면 채우기, 그림자, 회전 등의 다양한 효과로 문자를 돋보이게 꾸밀 수 있으며 문서 내에서 자유롭게 배치할 수 있습니다.

**01** 한글을 실행한 후 메뉴에서 [입력] 탭–[글맵시( 글맵시 )]–[채우기 – 밤색 그러데이션, 연황토색 그림자, 아래로 넓은 원통 모양]을 선택합니다.

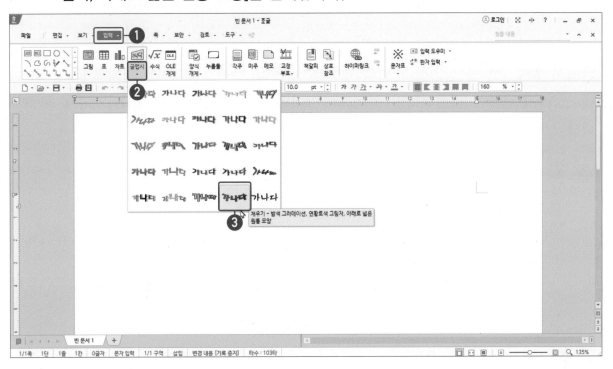

**02** [글맵시 만들기] 대화상자가 나타나면 [내용]에 '웃으면'을 입력한 후 Enter 키를 누르고 '행복이 다가와요'를 입력합니다. [설정] 버튼을 클릭합니다.

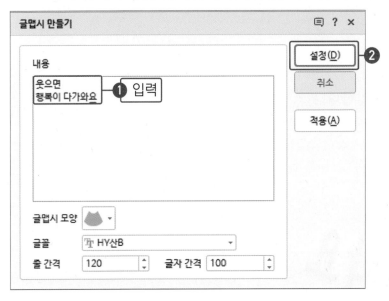

**03** 글맵시가 삽입되면 **조절점**을 드래그해서 크기를 조절합니다.

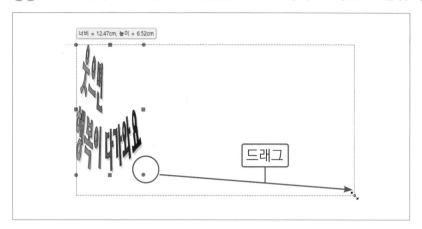

**04** 글맵시 옆에 그림을 삽입하기 위해 메뉴에서 [편집] 탭-[그림(🖼)]을 클릭해 [그림 넣기] 대화상자가 나타나면 '준비파일' 폴더에서 '스마일.png'를 선택한 후 [열기] 버튼을 클릭합니다.

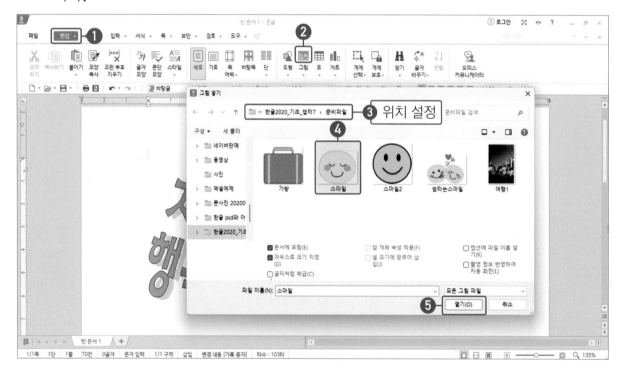

**05** 글맵시 옆에 **드래그**하여 그림을 삽입합니다.

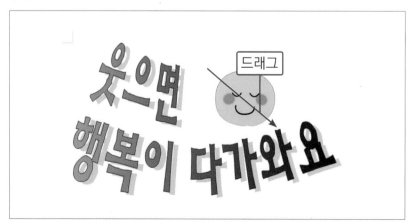

**나만의 레터링 스티커 로고 만들기**

▶ **도형 삽입하기**

**01** 한글을 실행한 후 도형을 삽입하기 위해 메뉴에서 [편집] 탭–[도형(🔲)]–[타원(○)]을 클릭합니다.

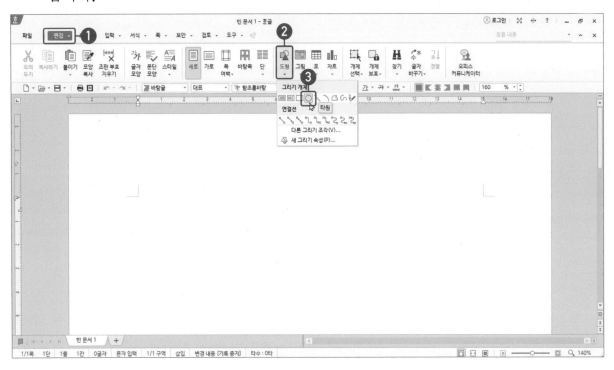

**02** 마우스 포인터의 모양이 '+'로 변경되면 Shift 키를 누른 채 드래그하여 정원을 그립니다. 정확한 크기를 위해 메뉴의 [도형(🔲)] 탭의 기본 도구 상자에서 [너비(□)]와 [높이(□)]를 각각 '50mm'로 설정한 후 도형을 더블 클릭합니다.

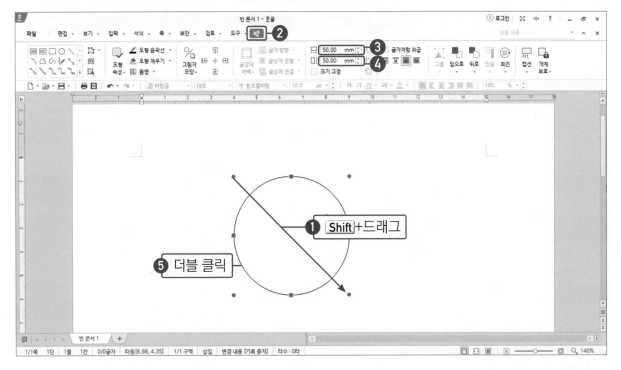

**03** [개체 속성] 대화상자가 나타나면 [선] 탭을 클릭하고 선에서 [색]을 '초록', [굵기]를 '2mm' 로 설정한 후 [설정] 버튼을 클릭합니다.

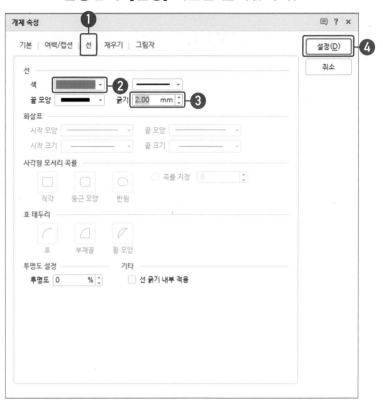

**04** 도형 안에 그림을 삽입하기 위해 메뉴에서 [편집] 탭-[그림(🖼)]을 클릭합니다. [그림 넣기] 대화상자가 나타나면 '준비파일' 폴더에서 '썸타는스마일.png' 파일을 선택한 후 [열기] 버튼을 클릭합니다.

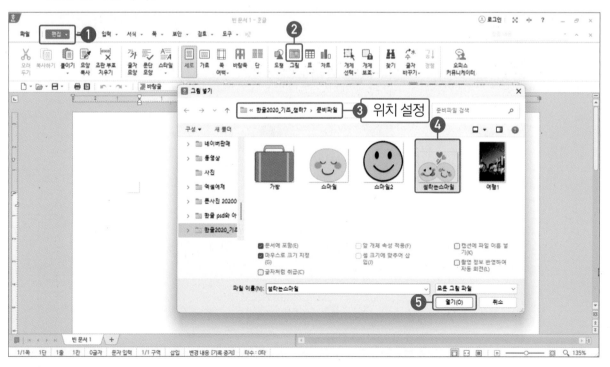

**05** 도형 안에 드래그해 적당한 크기가 되면 마우스에서 손을 뗍니다.

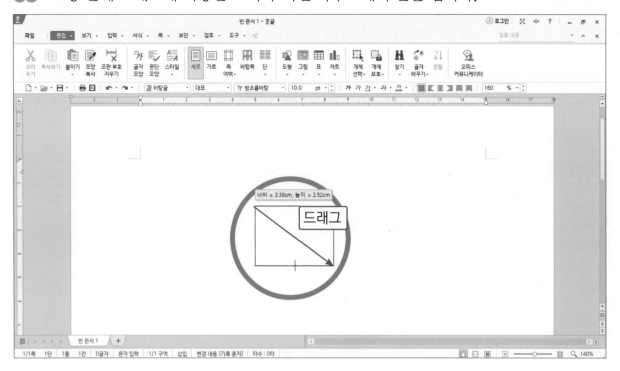

**06** 삽입된 그림이 조절점만 나타나고 표시되지 않습니다. 그림을 표시하기 위해 메뉴에서 [그림(⬛)] 탭-[글 앞으로(⬛)]를 클릭합니다.

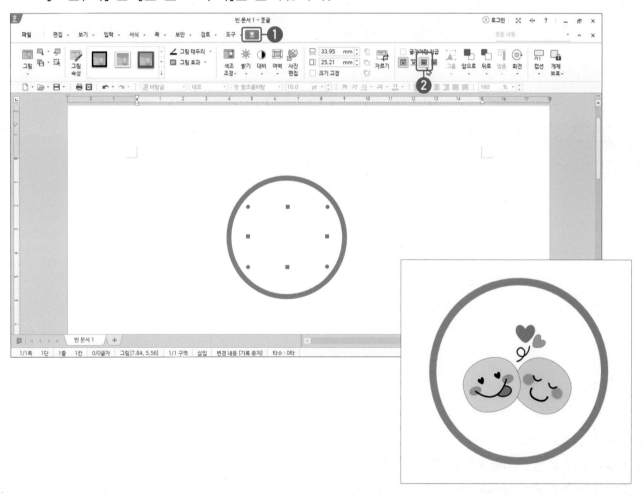

## ▶ 글맵시 삽입하기

**01** 글맵시를 이용해 글자를 꾸미기 위해 [입력] 탭–[글맵시(❬글맵시❭)]를 클릭합니다.

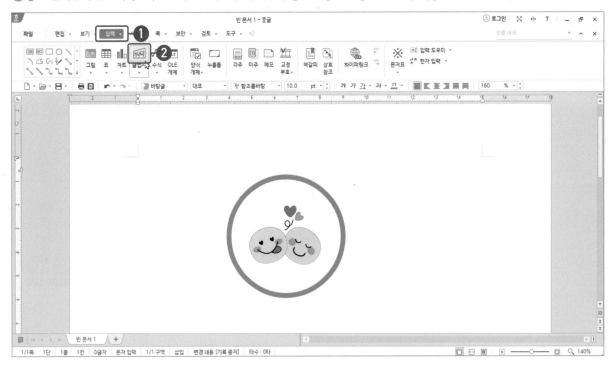

**02** [글맵시 만들기] 대화상자가 나타나면 [내용]에 '아는만큼 재미있는'을 입력하고, [글맵시 모양]을 '위쪽 원호', [글꼴]은 'HY견고딕'으로 설정한 후 [설정] 버튼을 클릭합니다.

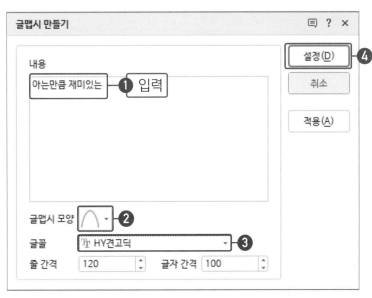

**03** 글맵시가 삽입되면 [너비(ㅁ)]는 '72mm', [높이(ㅁ)]는 '36mm'로 설정한 후 드래그해서 다음 이미지처럼 위치를 조정합니다. 글맵시의 글자 색을 변경하기 위해 **글맵시를 더블 클릭합니다.**

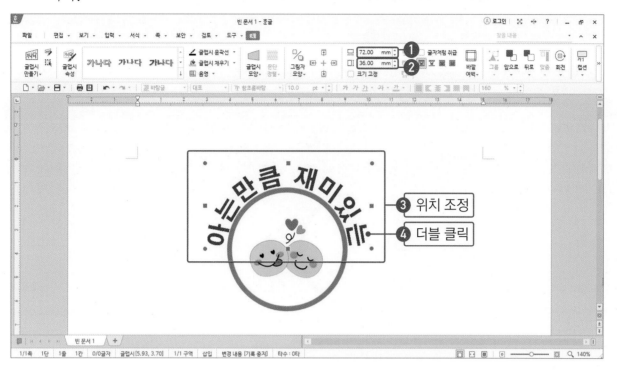

**04** [개체 속성] 대화상자가 나타나면 [선] 탭을 클릭한 후 선에서 [색]은 '초록', [종류]는 '실선', [굵기]는 '0.25mm'로 설정합니다. [채우기] 탭을 클릭한 후 채우기에서 '색 채우기 없음'을 선택하고 [설정] 버튼을 클릭합니다.

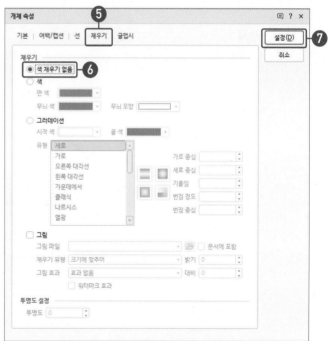

**05** 한 번 더 메뉴에서 [글맵시(  )] 탭–[글맵시 만들기(  )]를 클릭합니다. [글맵시 만들기] 대화상자가 나타나면 [내용]에 '시대인과 썸 탈 시간'을 입력하고, [글맵시 모양]을 '아래쪽 원호', [글꼴]은 'HY견고딕'으로 설정한 후 [설정] 버튼을 클릭합니다.

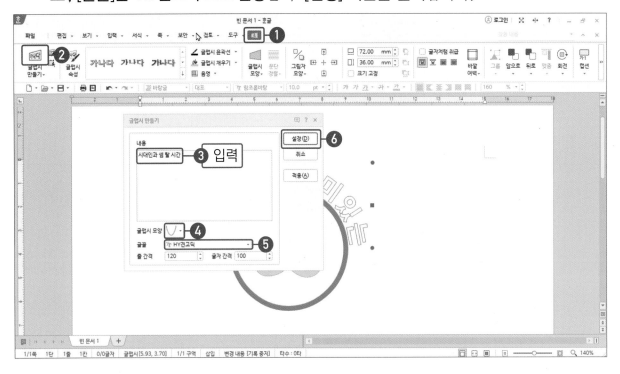

**06** 글맵시가 삽입되면 [너비(  )]는 '72mm', [높이(  )]는 '36mm'로 설정한 후 드래그해서 다음 그림처럼 배치합니다.

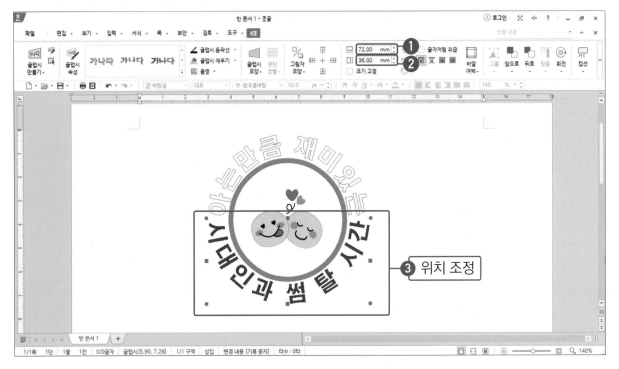

**07** 글자 색을 변경하기 위해 메뉴에서 [글맵시( )] 탭-[글맵시 채우기]를 클릭한 후 '초록'을 선택합니다.

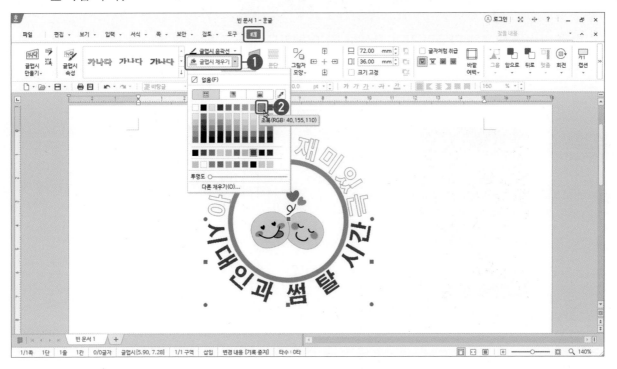

**08** 글자 색이 완성되었습니다.

**09** 서식 도구 상자에서 [저장하기( )]를 클릭해 '스티커 로고.hwp'로 저장합니다.

**01** 도형과 그림을 이용해 다음과 같이 작성한 후 '여행카드.hwp'로 저장해 봅니다.

준비파일 여행1.png, 가방.png

- 용지 방향 : 가로
- 사각형 도형
  - 크기 : 너비 '200mm', 높이 '140mm'
  - 채우기 색 : 노랑 80% 밝게
- 왼쪽 사진
  - 파일명 : 여행1.png
  - 너비 '76mm', 높이 '112mm'
  - 배치 : 글 앞으로
- 오른쪽 메모 박스
  - 크기 : 너비 '92mm', 높이 '112mm'
  - 채우기 색 : 하늘색 80% 밝게
  - 도형 윤곽선 : '하양', 굵기 '2mm'
- 오른쪽 메모 박스 안의 선
  - 색 '하양', 종류 '실선', 굵기 '0.50mm'
  - 너비 : 72mm
- 글상자
  - 도형 윤곽선 '없음'
  - 도형 채우기 '없음'
  - 글꼴 : 한컴 쿨재즈 B

**02** 도형과 글맵시를 이용하여 다음과 같이 작성한 후 '포스터.hwp'로 저장해 봅니다.

준비파일 스마일2.png

- **사각형 도형**
  - 크기 : 너비 '120mm', 높이 '160mm'
  - 채우기 색 : 노랑
  - 그림자 모양 : 오른쪽 아래
- **글맵시**
  - 글맵시 모양 : 위쪽 원호
  - 글꼴 : HY견고딕
  - 배치 : 글 앞으로
  - 색 : 검정
- **그림 삽입**
  - 파일명 : 스마일2.png
  - 배치 : 글 앞으로
- **글상자**
  - 도형 윤곽선 '없음', 도형 채우기 '없음'
  - 글꼴 : 한컴 윤고딕 240

 **개성 뿜뿜! 플래너 만들기**

- ▪ 표 삽입하기
- ▪ 표와 셀 블록 설정
- ▪ 셀 합치기와 셀 나누기
- ▪ 표/셀 크기 조정
- ▪ 셀 테두리
- ▪ 줄/칸 추가하기
- ▪ 셀 너비를 같게/셀 높이를 같게

**미/리/보/기**

📁 준비파일 : 토끼.png, 메모.png, 시계.png, 주스.png, 커피.png, 하트.png
📁 완성파일 : 플래너.hwp

### 먼슬리(Monthly) 플래너

Month 1 2 3 4 5 6 7 8 9 10 11 12

| | 일 | 월 | 화 | 수 | 목 | 금 | 토 |
|---|---|---|---|---|---|---|---|
| 1주 | 필라테스 | 할일목록 정리하기 | | | | 지연이와 저녁 약속 | |
| 2주 | 필라테스 & 쇼핑 | | 문화센터 개강 | | | | 치과 예약 |
| 3주 | | | | | | | |
| 4주 | | | | | 온라인 자료 준비 | 원고 마감 | 집에서 휴식 |

Memo
1. 필라테스 수업 빠지지 않기
2. 매일 영어 공부하기

이번 장에서는 표를 만드는 방법을 배워보겠습니다. 그리고 만든 표의 크기를 조절하고, 줄과 칸을 추가 및 삭제, 셀 합치기 및 나누기 등을 이용해 보기 좋은 표를 만드는 방법을 알아보겠습니다.

표는 복잡한 내용이나 수치 자료를 일목요연하게 정리해서 보여 주는 역할을 합니다.

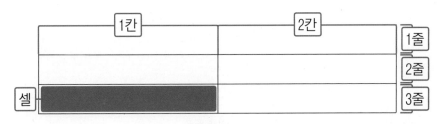

▲ 3줄 2칸 표

7줄 2칸으로 된 표를 이용해 다음과 같이 맞춤법 표를 만들어 보겠습니다.

| 자주 틀리는 맞춤법 | |
|---|---|
| 틀린 표현 | 바른 표현 |
| 안 되 | 안 돼 |
| 몇 일 | 며 칠 |
| 오랫만에 | 오랜만에 |
| 문안하다 | 무난하다 |
| 콤퓨타 | 컴퓨터 |

**01** 한글을 실행한 후 메뉴에서 [편집] 탭-[표( ☴ )]를 클릭해 바둑판 모양의 표 상자가 나타나면 원하는 줄 수와 칸 수가 될 때까지 **마우스를 드래그**합니다. 표 상자 위쪽에 원하는 '줄 수×칸 수'가 표시되면 마우스를 클릭합니다. 여기서는 7줄×2칸이 되면 클릭합니다.

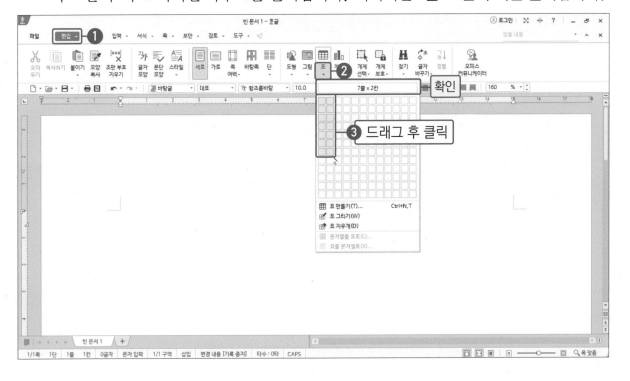

**02** 표가 삽입되면 첫 번째 셀에서 커서가 깜박이는데 **표 안에 내용을 입력합니다.**

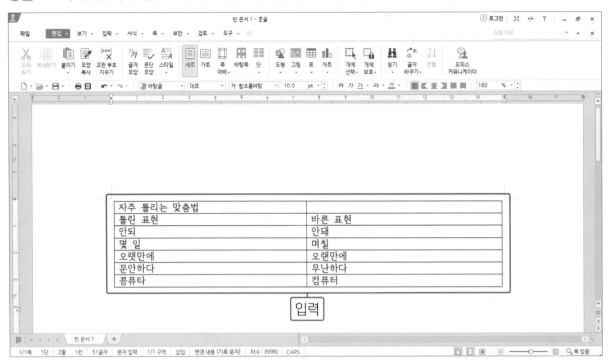

입력

 잠깐

- 내용 입력 시 셀 간의 이동은 키보드의 방향키(↑, ↓, →, ←)를 이용합니다.
- 순차적으로 다음 셀로 이동할 때는 키보드의 Tab 키를 누릅니다.
- 마지막 셀에서 Tab 키를 누르면 새로운 줄이 추가됩니다.

**03** 글꼴과 글자 크기를 변경하기 위해 표를 마우스로 드래그하여 블록을 설정한 후 서식 도구 상자에서 [글꼴]은 'HY강B', [글자 크기]는 '16pt', [가운데 정렬(≡)]로 설정합니다.

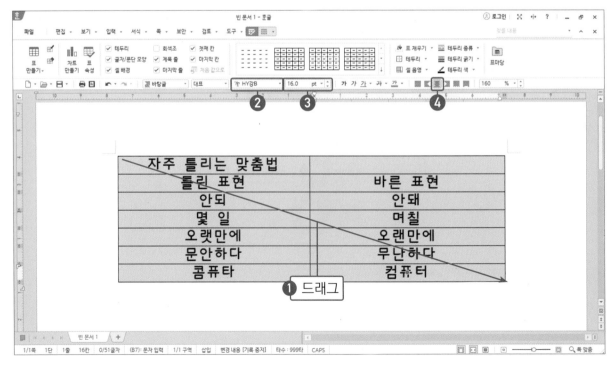

❶ 드래그

**04** Esc 키를 눌러 블록을 해제합니다. 표 크기를 조절하기 위해 **표를 클릭**한 후 아래쪽 조절 점에 마우스 포인터를 가져가면 양방향 화살표(↕)로 바뀌는데 마우스 왼쪽 버튼을 클릭한 채 원하는 크기가 될 때까지 아래로 드래그합니다.

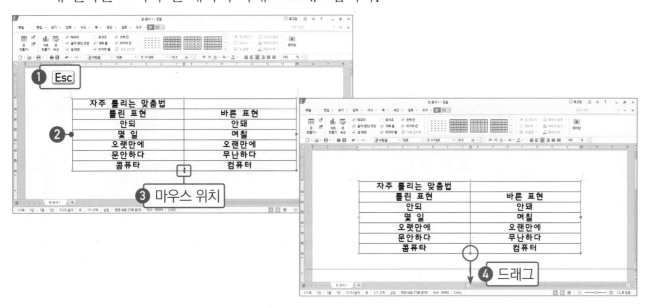

**표의 크기를 조절하는 방법 살펴보기**

**• 마우스로 크기 조절하기**
셀의 경계선에 마우스 포인터를 놓으면 마우스 포인터의 모양이 ⇧, ⇔로 바뀌는데, 이 상태에서 마우스 왼쪽 단추를 누른 채 드래그하여 원하는 크기만큼 늘리거나 줄일 수 있습니다.

**• 키보드와 마우스로 크기 조절하기**
– Ctrl + 마우스 끌기 : 표의 경계선에 마우스 포인터를 놓고 Ctrl 키를 누른 채 마우스로 끌면 셀 전 체의 크기가 늘거나 줄면서 표의 전체 크기도 변합니다.
– Shift + 마우스 끌기 : 표의 경계선에 마우스 포인터를 놓고 Shift 키를 누른 채 마우스로 끌면 해당 셀의 크기만 늘리거나 줄입니다.

**• 키보드로 크기 조절하기**
– Ctrl + 방향키(↑, ↓, ←, →) : 블록으로 설정한 셀이 포함된 줄이나 칸을 전체적으로 줄이거나 늘릴 수 있습니다. 이때 표 전체 크기도 변합니다.
– Alt + 방향키(↑, ↓, ←, →) : 블록으로 설정한 셀이 포함된 줄이나 칸을 전체적으로 줄이거나 늘릴 수 있습니다. 이때 표 전체 크기는 변하지 않습니다.
– Shift + 방향키(↑, ↓, ←, →) : 셀 블록으로 설정한 셀만 크기를 늘리거나 줄일 수 있습니다. 이때 다른 줄이나 칸, 표 전체의 크기는 변하지 않습니다.

**05** 표가 선택된 상태에서 표의 스타일을 변경하기 위해 메뉴에서 [표 디자인(📝)] 탭-스타일의 [자세히(↓)]를 클릭합니다. 밝게에서 [밝은 스타일 1 – 파란 색조]를 설정합니다.

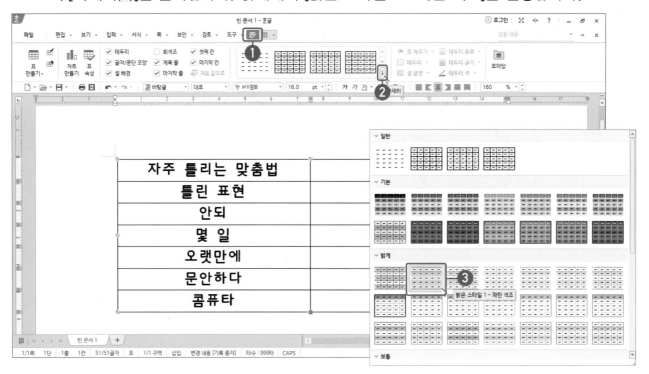

**06** Esc 키를 눌러 표 선택을 해제한 후 스타일이 적용된 것을 확인합니다. 표의 첫 줄을 드래그하여 블록으로 설정한 후 메뉴에서 [표 레이아웃(🔲)] 탭-[셀 합치기(🔲)]를 클릭합니다.

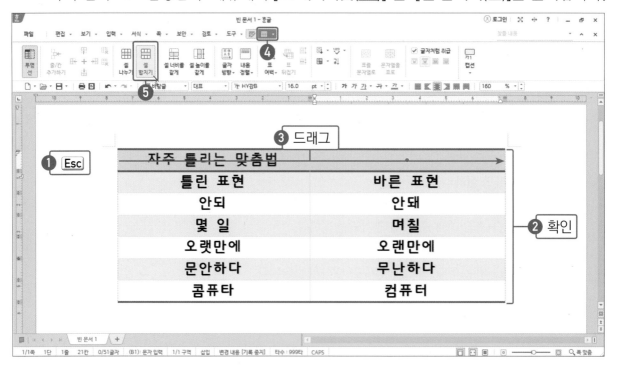

**[셀 합치기]와 [셀 나누기]의 바로 가기 키**

| 셀 합치기 (⊞) | 합치기를 할 셀들을 블록으로 설정한 후 M 키를 누릅니다. | 셀 합치기 전 | 셀 합치기 후 |
| --- | --- | --- | --- |
| 셀 나누기 (⊞) | 나눌 셀을 블록으로 설정한 후 S 키를 누르고 [셀 나누기] 대화상자가 나타나면 줄이나 칸을 선택합니다. | 셀 나누기 전 | 셀 나누기 후 |

**07** 제목을 드래그해서 블록을 설정한 후 서식 도구 상자에서 [글자 크기]를 '20pt'로 설정합니다. Esc 키를 눌러 블록을 해제한 후 서식 도구 상자에서 [저장하기(🖫)]를 클릭하여 '맞춤법표.hwp'로 저장합니다.

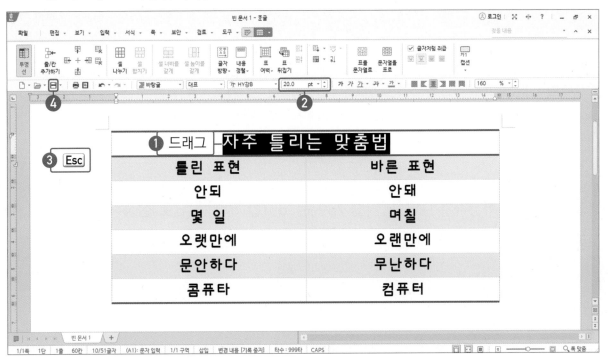

| 틀린 표현 | 바른 표현 |
| --- | --- |
| 안되 | 안돼 |
| 몇 일 | 며칠 |
| 오랫만에 | 오랜만에 |
| 문안하다 | 무난하다 |
| 콤퓨타 | 컴퓨터 |

## ▶ 표 만들기

**01** 한글을 실행한 후 표를 삽입하기 위해 메뉴에서 [편집] 탭-[표(⊞)]를 클릭합니다.

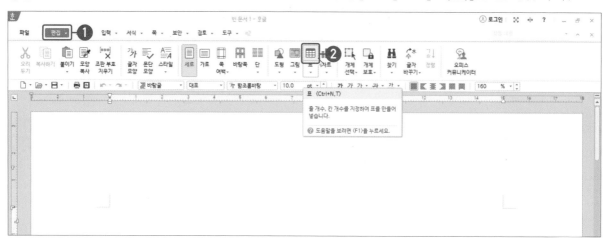

**잠깐**
- [표( ▪ )]는 표의 줄 수와 칸 수를 드래그하여 설정합니다.
- [표(⊞)]를 클릭하면 나타나는 [표 만들기] 대화상자에 줄 수와 칸 수를 입력하여 표를 만듭니다.
- [표 만들기]의 바로 가기 키는 Ctrl + N, T 입니다.

**02** [표 만들기] 대화상자가 나타나면 [줄 개수]는 '6', [칸 개수]는 '8'로 설정하고 '글자처럼 취급'에 체크한 후 [만들기] 버튼을 클릭합니다.

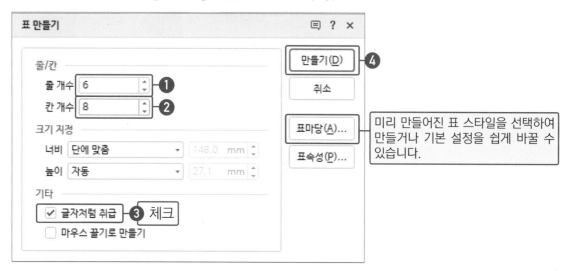

**잠깐**
- **글자처럼 취급** : 표를 보통 글자와 같게 취급합니다. 현재 커서 위치에 현재 단의 크기만큼 꽉 차는 표가 만들어집니다.
- **마우스 끌기로 만들기** : 사용자가 설정한 위치에 마우스를 드래그해서 표를 만듭니다.

**03** 미리 표 안의 전체 글자 크기와 글꼴, 정렬을 설정하겠습니다. 표 안에 커서가 있는 상태에서 F5 키를 3번 눌러 표 전체를 블록으로 설정한 후 [글꼴]은 '한컴 백제 M', [글자 크기]는 '16pt', [가운데 정렬(≡)]로 설정합니다.

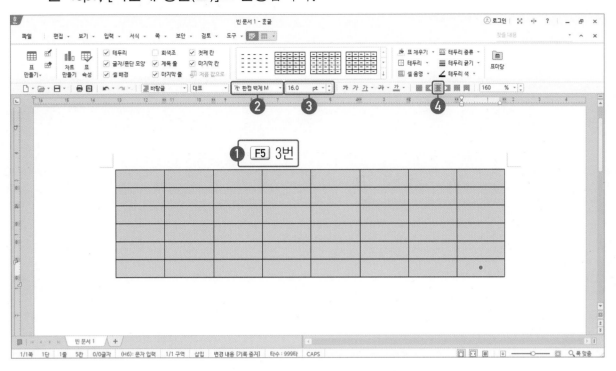

**04** Esc 키를 눌러 블록을 해제한 후 아래처럼 **텍스트를 입력**합니다. 다음 셀로 순차적으로 이동할 때는 Tab 키를 누르고, 아래쪽으로 이동할 때는 ↓ 키를 누릅니다.

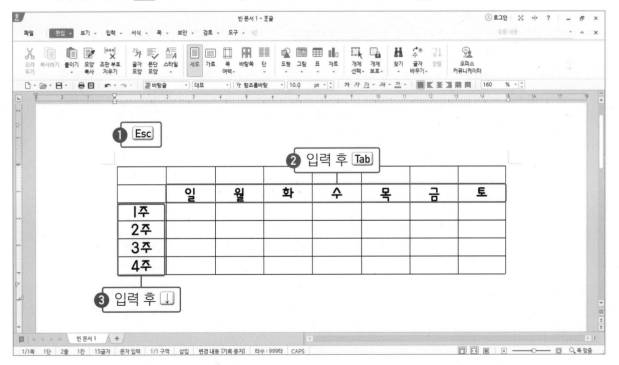

## ▶ 표/셀 크기 조절하기

**01** 용지 방향을 가로로 넓게 변경하기 위해 메뉴에서 [편집] 탭-[가로(⬛)]를 클릭합니다.

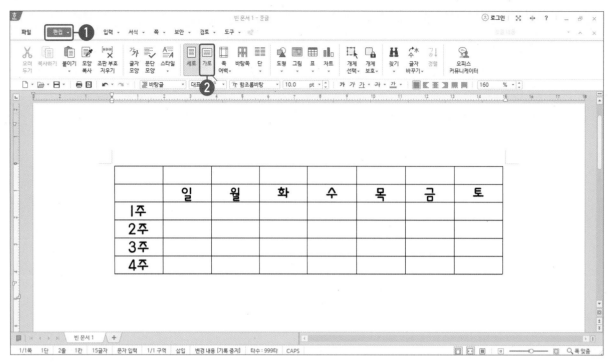

**02** 전체 셀의 높이를 여유롭게 변경하기 위해 F5 키를 3번 누른 후 Ctrl + ↓ 키를 여러 번 눌러 적당히 조절합니다.

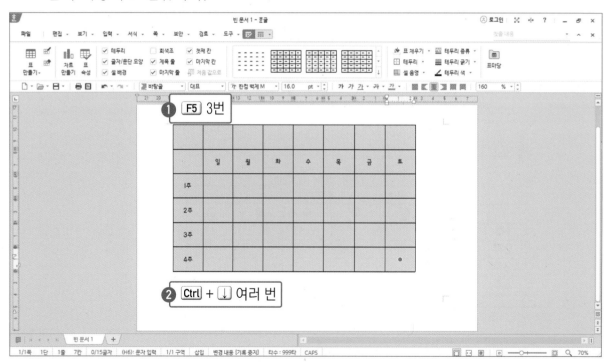

**셀 블록을 설정하는 방법**

• **마우스로 셀 블록 설정** : 셀 블록을 설정할 셀 안에 마우스 포인터를 놓고 마우스를 드래그합니다.

• **하나의 셀을 블록으로 설정** : 셀에 커서를 놓고 F5 키를 누릅니다.

• **표 전체를 블록으로 설정** : 셀 안에 커서를 놓고 F5 키를 3번 누릅니다.

# ▶ 셀 합치기와 셀 나누기

**01** 셀을 하나로 합치기 위해 표의 **첫 줄**에서 5개의 셀을 드래그하여 블록으로 설정한 후 메뉴에서 [표 레이아웃(▦)] 탭-[셀 합치기(▦)]를 클릭합니다.

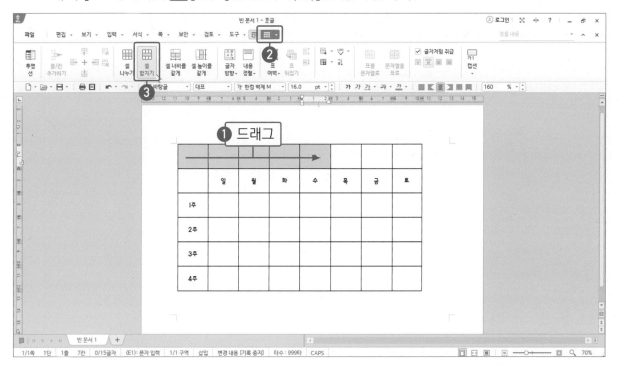

**02** 첫 줄의 오른쪽 3개의 셀을 드래그하여 블록으로 설정한 후 바로 가기 키 M을 눌러 셀 합치기를 합니다.

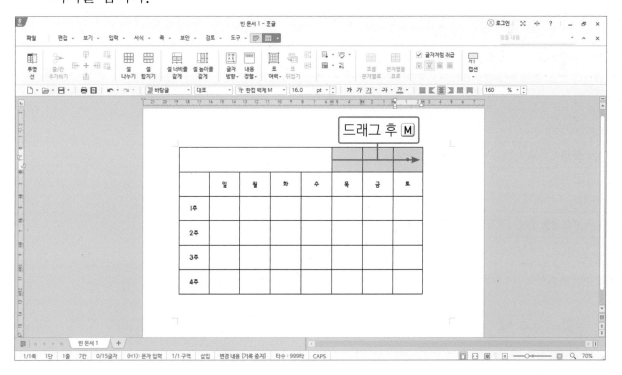

**03** 셀을 나누기 위해 첫 번째 셀에 커서를 놓고 메뉴에서 [표 레이아웃(⊞)] 탭-[셀 나누기(⊞)]
를 클릭합니다.

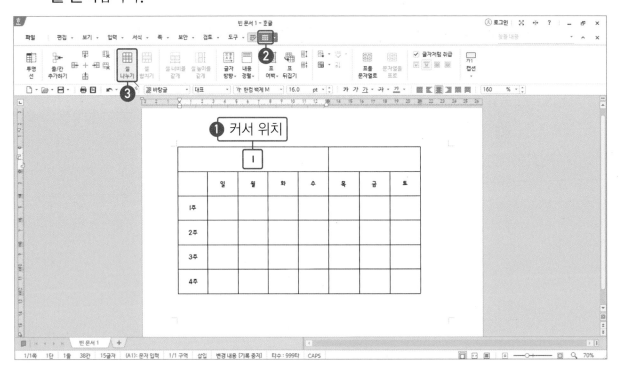

 • 여러 개의 셀을 나눌 때는 해당되는 셀들을 블록으로 설정한 후 셀 나누기를 합니다.
• 셀 나누기의 바로 가기 키는 ⑤입니다.

**04** [셀 나누기] 대화상자가 나타나면 [줄 개수]는 '2', '줄 높이를 같게 나누기'를 체크한 후 [나
누기] 버튼을 클릭합니다.

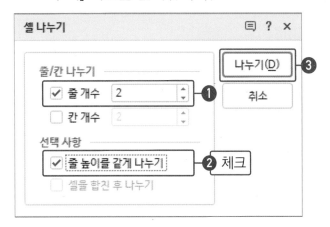

 셀을 나눌 때 '줄 개수'와 '칸 개수'를 모두 선택하면 줄과 칸을 동시에 나눌 수 있습니다.

**05** 첫 번째 줄에 '먼슬리(Monthly) 플래너'를 입력하고, ⬇ 키를 눌러 아래줄로 이동한 후 'Month 1 2 3 4 5 6 7 8 9 10 11 12'를 입력합니다.

**06** 제목을 드래그하여 블록으로 설정한 후 [글꼴]은 '한컴 바겐세일 B', [글자 크기]는 '24pt', [글자 색]은 '초록', [양쪽 정렬(≡)]로 설정합니다.

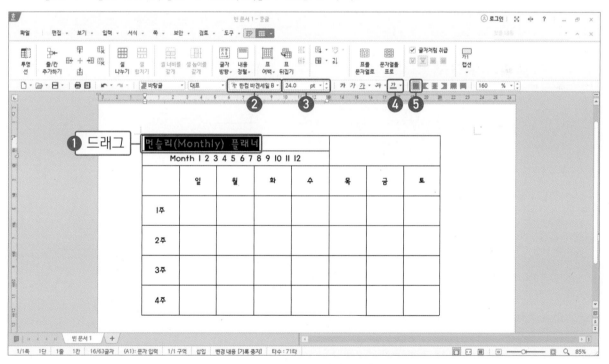

**07** 해당 월 '6'을 드래그하여 블록으로 설정하고 [글자 크기]는 '20pt', [글자 색]은 '주황', [배분 정렬(▤)]로 설정합니다.

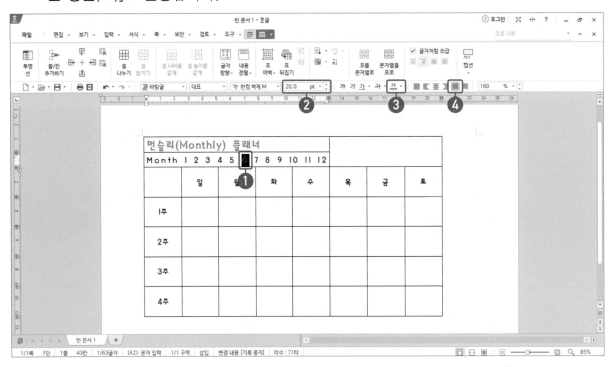

**08** 셀의 크기를 조절하기 위해 드래그해서 블록으로 설정한 후 Ctrl + ↓ 키를 3번 정도 눌러 높이를 조절합니다.

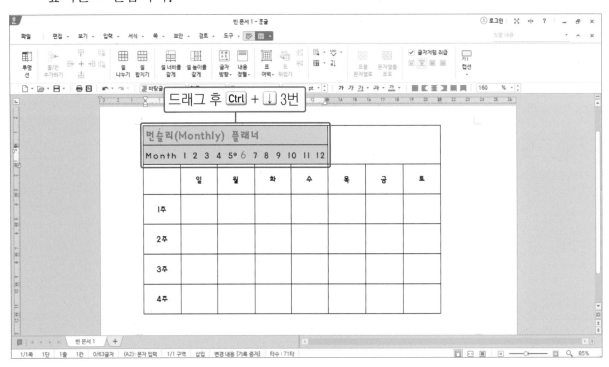

## ▶ 줄/칸 추가하기

**01** 표의 맨 아래에 줄을 추가하기 위해 마지막 줄의 임의의 셀에 커서를 놓고 메뉴에서 [표 레이아웃()] 탭-[줄/칸 추가하기(⊞)]를 클릭합니다.

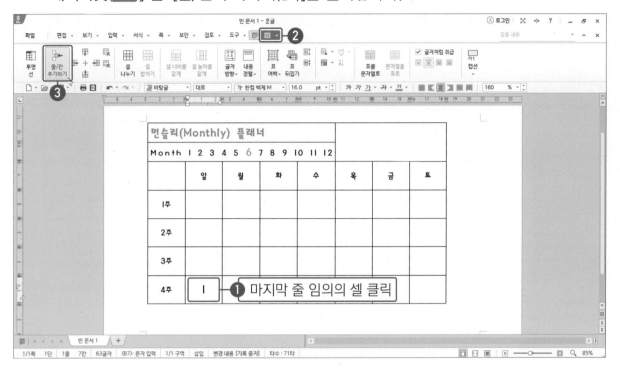

> **잠깐**
> [줄/칸 추가하기]의 바로 가기 키는 Alt + Insert입니다.

**02** [줄/칸 추가하기] 대화상자가 나타나면 [아래쪽에 줄 추가하기(⊞)]를 선택한 후 [추가] 버튼을 클릭합니다.

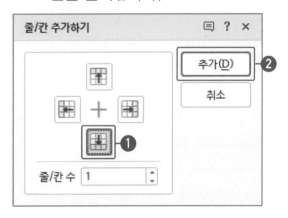

> **잠깐**
> **[줄/칸 추가하기] 대화상자**
> • **위쪽에 줄 추가하기**(⊞) : 현재 커서가 있는 셀의 위쪽에 줄을 추가합니다.
> • **아래쪽에 줄 추가하기**(⊞) : 현재 커서가 있는 셀의 아래쪽에 줄을 추가합니다.
> • **왼쪽에 칸 추가하기**(⊞) : 현재 커서가 있는 셀의 왼쪽에 칸을 추가합니다.
> • **오른쪽에 칸 추가하기**(⊞) : 현재 커서가 있는 셀의 오른쪽에 칸을 추가합니다.
> • **줄/칸 수** : 삽입할 줄이나 칸의 개수를 입력합니다.

**03** 마지막 줄의 첫 번째 셀을 제외한 나머지 셀을 합치기 위해 마우스로 드래그해서 블록을 설정한 후 메뉴에서 [표 레이아웃(⊞)] 탭-[셀 합치기(⊞)]를 클릭합니다.

**04** 전체적으로 크기를 맞추기 위해 마지막 줄을 블록으로 설정하고 Ctrl + → 키를 눌러 화면에 맞게 너비를 조절한 후 Ctrl + ↓ 키를 눌러 높이도 화면에 맞게 조절합니다. Esc 키를 눌러 블록을 해제합니다.

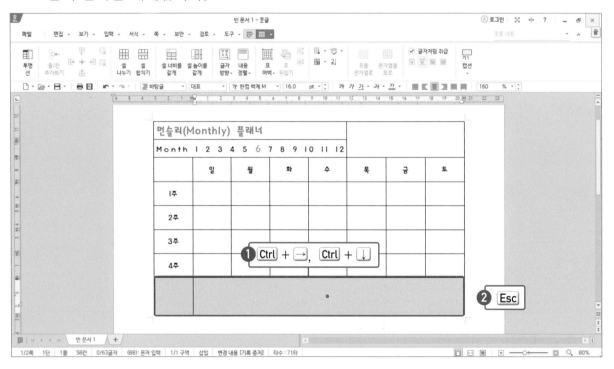

**05** 글자를 입력하기 위해 해당 셀에 커서를 놓고 서식 도구 상자에서 [글꼴]은 '한컴 바겐세일 B', [밑줄]은 '이중 실선(━)', [글자 색]은 '초록'으로 설정한 후 'Memo'를 입력합니다.

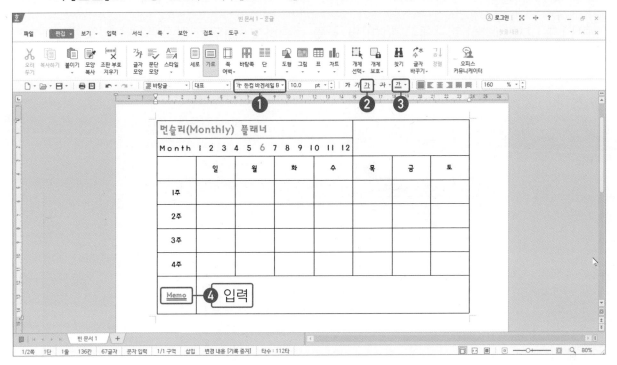

**06** 글자 위치를 위쪽으로 정렬하기 위해 메뉴에서 [표 레이아웃(▦)]-[내용 정렬(▤)]-[세로 정렬]-[위쪽]을 클릭합니다.

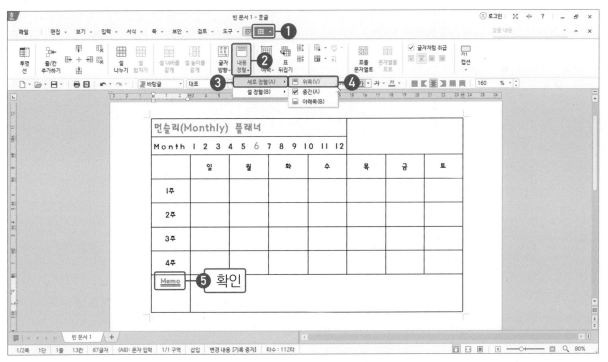

## ▶ 셀 테두리 설정하기

**01** 제목 셀에 테두리를 없애기 위해 아래처럼 해당 셀을 드래그하여 블록을 설정한 후 메뉴에서 [표 디자인(🗒)] 탭-[테두리(🔲)]의 ▼를 클릭하고 [테두리 없음(▦)]을 설정합니다.

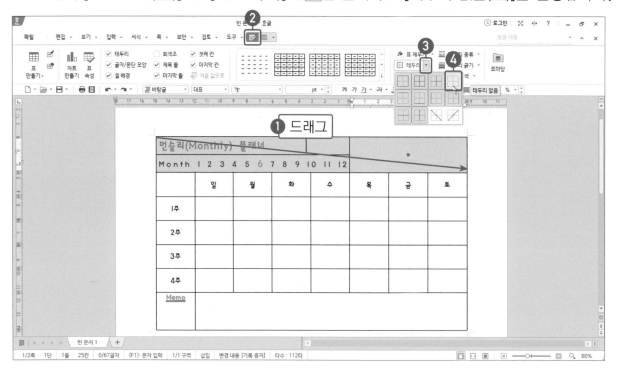

**02** 바깥쪽 테두리를 굵게 하기 위해 아래처럼 해당 셀을 블록으로 설정하고 [테두리 굵기(☰)]를 클릭한 후 '0.5mm'를 선택합니다. [테두리(🔲)]의 ▼─[바깥쪽 테두리(▢)]를 클릭합니다.

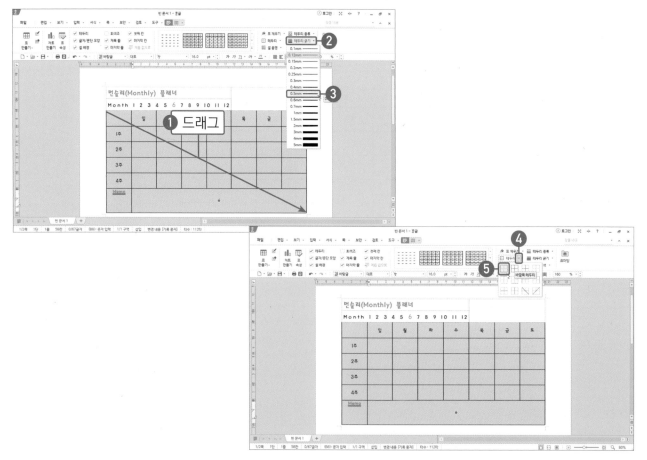

**168**

**03** 'Memo' 셀의 오른쪽 테두리를 없애기 위해 **셀을 클릭**해 블록으로 설정한 후 ⏎ 키를 누릅니다. [셀 테두리/배경] 대화상자가 나타나면 [테두리] 탭에서 **[종류]를 [없음(══)]**으로 선택한 후 **[오른쪽 테두리(▦)]를 클릭**하고 **[설정]** 버튼을 클릭합니다.

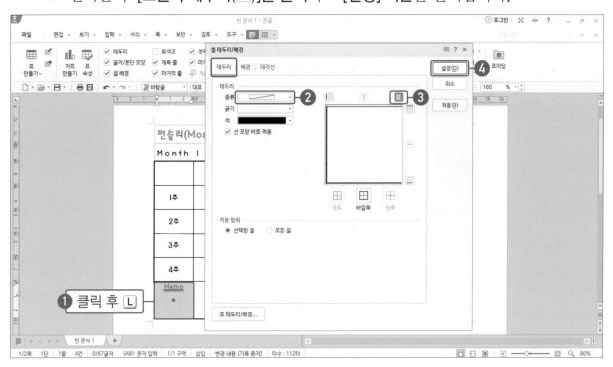

이전 셀에 블록이 설정된 상태에서 해당 셀을 클릭하면 블록이 자동으로 설정됩니다. 만약 블록이 해제된 경우 해당 셀을 클릭한 후 F5 키를 한 번 눌러 블록을 설정해도 됩니다.

**04** 대각선을 삽입하기 위해 해당 **셀을 클릭**해 블록으로 설정한 후 ⏎ 키를 누릅니다. [셀 테두리/배경] 대화상자가 나타나면 **[대각선] 탭-[대각선(◩)]을 설정**한 후 **[설정]** 버튼을 클릭합니다.

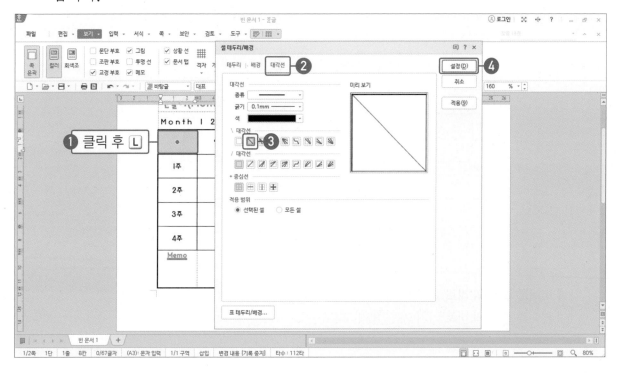

## ▶ 셀 너비를 같게 설정하기

**01** 마지막 줄을 제외한 **첫 번째 칸**의 너비를 줄이기 위해 해당 셀을 드래그해서 블록으로 설정한 후 Shift + ← 키를 여러 번 눌러 너비를 줄입니다.

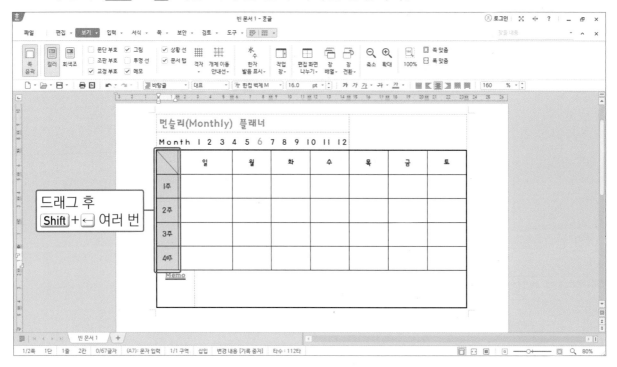

**02** 첫 번째 칸을 제외한 **나머지 칸**의 너비를 균등하게 설정하기 위해 드래그해서 블록을 설정합니다. 메뉴에서 [표 레이아웃(▦)] 탭-[셀 너비를 같게(▦)]를 클릭합니다.

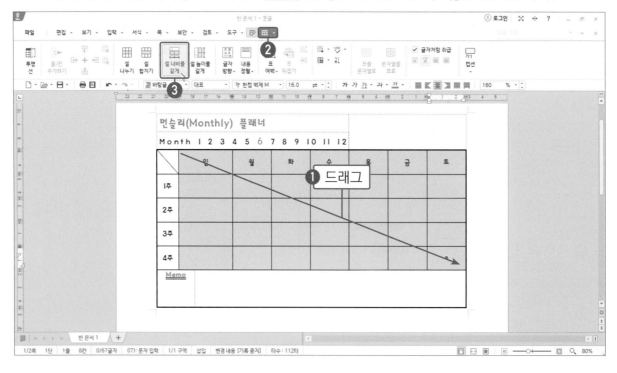

- [셀 너비를 같게]의 바로 가기 키는 W입니다.
- [셀 높이를 같게]의 바로 가기 키는 H입니다.

**03** 그림을 삽입하기 위해 메뉴에서 [편집] 탭–[그림(📷)]을 클릭한 후 [그림 넣기] 대화상자가 나타나면 '준비파일' 폴더에서 '토끼.png'를 선택한 후 [열기] 버튼을 클릭합니다.

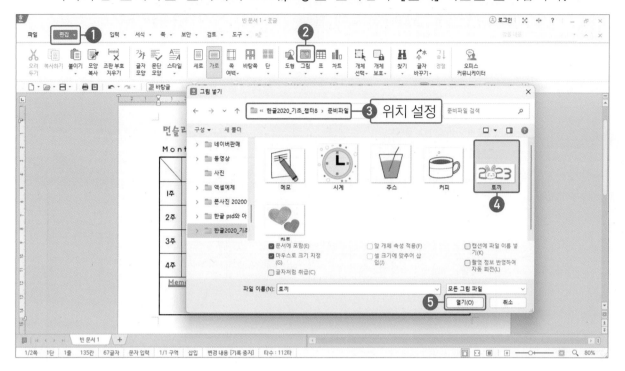

**04** 아래처럼 드래그해서 그림을 삽입하면 표가 아래로 내려가고 그림만 나타나는데 메뉴에서 [그림(📷)] 탭–[글 뒤로(🔲)]를 클릭하면 그림이 제자리에 표시됩니다.

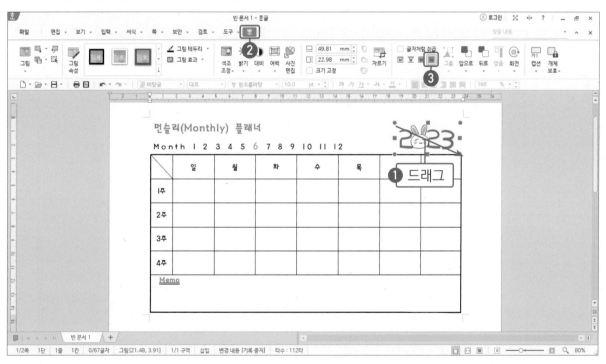

 [글 뒤로(🔲)]를 클릭했는데도 불구하고 아래로 내려간 표가 제자리로 돌아오지 않는다면 표의 크기를 조금 줄여보세요.

**05** '준비파일' 폴더 안에 있는 나머지 그림들도 동일한 방법으로 아래처럼 **자유롭게 배치**해 봅니다.

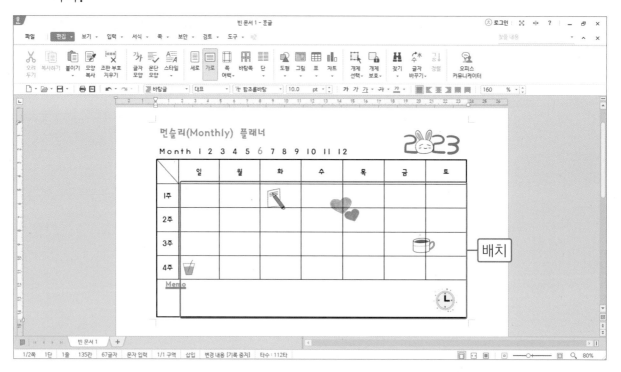

💡 **잠깐** [글 뒤로(▒)]로 삽입된 이미지는 [편집] 탭-[개체 선택(▒)]을 이용해 선택할 수 있습니다.

**06** 아래처럼 드래그해서 블록을 설정한 후 [글자 크기]를 '14pt'로 설정합니다.

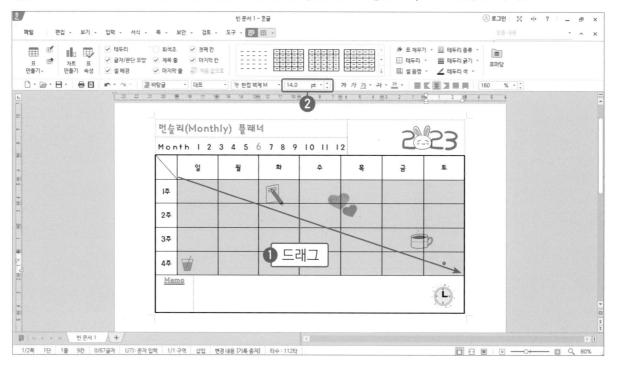

**07** 다음 이미지처럼 일정을 입력해 봅니다.

**08** 요일이 있는 첫 번째 줄을 드래그한 후 Ctrl 키를 누른 채 첫 번째 칸을 드래그해서 블록을 설정한 후 C 키를 누릅니다. [셀 테두리/배경] 대화상자가 나타나면 [배경] 탭에서 [색]을 선택하고 [면 색]을 '초록 80% 밝게'로 설정한 후 [설정] 버튼을 클릭합니다.

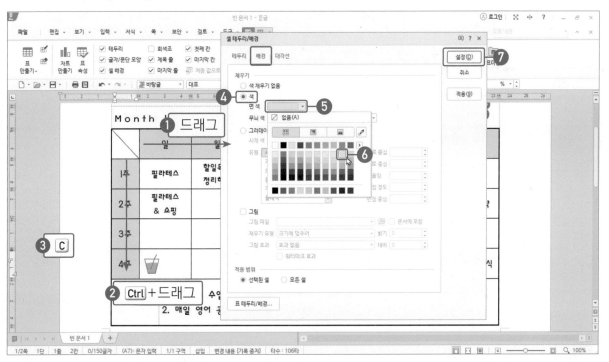

**09** 서식 도구 상자에서 [저장하기(🖫)]를 클릭해 파일 이름을 '플래너.hwp'로 저장합니다.

**01** 다음과 같은 스타일의 표를 만든 후 '시간표.hwp'로 저장해 봅니다.

### 시간표

|  | 월 | 화 | 수 | 목 | 금 |
|---|---|---|---|---|---|
| 1교시 | 국어 | 한국사 | 국어 | 국어 | 국어 |
| 2교시 | 수학 | 미술 | 수학 | 수학 | 수학 |
| 3교시 | 사회 | 국어 | 사회 | 영어 | 창체 |
| 4교시 | 과학 | 영어 | 창체 | 음악 | 논술 |
| 5교시 | 미술 | 체육 | ✕ | 과학 | 사회 |
| 메모 |  |  |  |  |  |

**힌트**

- 글자 서식 : HY나무M, 14pt, 진하게, 가운데 정렬
- 표 삽입 : 8줄 × 6칸
- [표] 탭–[셀 테두리] 대화상자에서 [배경] 탭–[색]–[면 색]을 각각 '초록 80% 밝게', '노랑 80% 밝게'
- [표] 탭–[테두리]에서 [대각선 상향 테두리], [대각선 하향 테두리]를 각각 선택

**02** 다음과 같은 표를 만든 후 '회원명단.hwp'로 저장해 봅니다.

| 연번 | 성명 | 연락처 | 이메일 |
|---|---|---|---|
| 1 |  |  |  |
| 2 |  |  |  |
| 3 |  |  |  |
| 4 |  |  |  |
| 5 |  |  |  |

**힌트**

- 글자 서식 : 함초롱바탕, 14pt, 진하게, 가운데 정렬
- 표 삽입 : 6줄 × 4칸
- 표 스타일 : 밝은 스타일 2 – 초록 색조

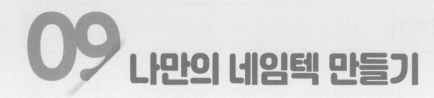

# 09 나만의 네임텍 만들기

- 라벨 문서 만들기
- 표에 배경 이미지 채우기
- 표 자동 채우기

📁 준비파일 : 배경2.png
📁 완성파일 : 수납 네임텍.hwp

## 미/리/보/기

이번 장에서는 다른 대상과의 분류나 구분을 목적으로 표시해 두는 이름표인 라벨 문서 만들기를 알아보고 한글에서 제공되는 라벨 용지를 이용해 수납 정리용으로 사용할 수 있는 네임텍을 만들어 보겠습니다.

라벨 문서 살펴보기

한글의 '라벨 문서 만들기' 기능을 실행하면 편집 창에 투명 선으로 된 표 형태의 문서가 나타나며 네임텍, 명함, 홍보 자료 등을 간단하게 만들 수 있습니다. 한글 메뉴에서 [쪽] 탭-[라벨(目)]-[라벨 문서 만들기]를 클릭하면 다음과 같은 대화상자가 나타납니다.

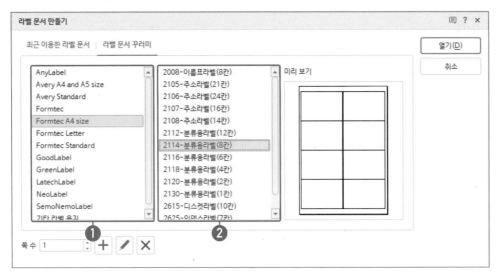

❶ 애니라벨(AnyLabel), 폼택(Formtec) 등 라벨 제조사를 선택합니다.

❷ 각 제조사에서 제공하는 라벨의 제품 이름과 제품 번호를 선택합니다.

02 수납 정리용 네임택 만들기

▶ 라벨 문서 만들기

01 한글을 실행한 후 메뉴에서 [쪽] 탭-[라벨(目)]-[라벨 문서 만들기]를 클릭합니다.

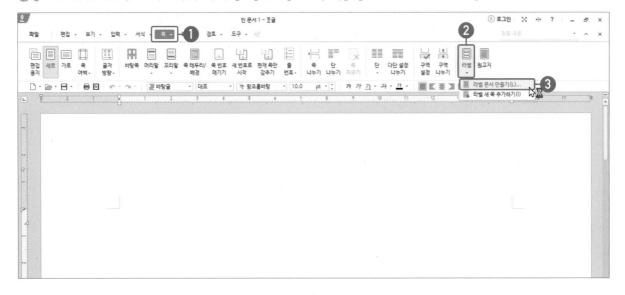

**02** [라벨 문서 만들기] 대화상자가 나타나면 [라벨 문서 꾸러미] 탭을 클릭하고, 목록에서 [Formtec A4 size]–[2114–분류용라벨(8칸)]을 선택한 후 [열기] 버튼을 클릭합니다.

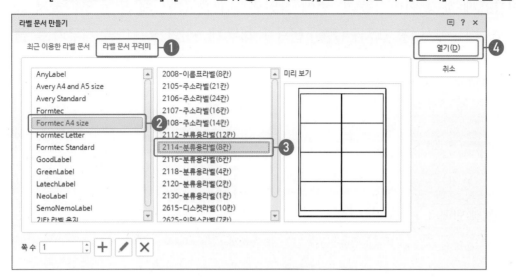

**03** 새로운 문서 창이 열리고 빨간색 점선의 라벨 이름표가 나타납니다. 첫 번째 셀의 왼쪽 상단에 커서가 깜박입니다.

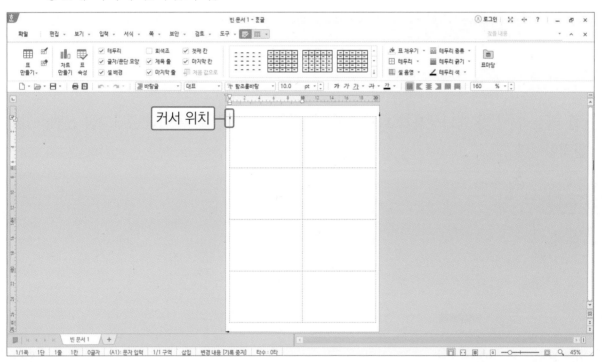

- 라벨 용지의 네모 칸 하나 하나를 '라벨 이름표'라고 합니다. 라벨 이름표는 표로 구성되어 있으며 크기가 고정되어 있어 내용을 넘치게 입력하더라도 표가 자동으로 늘어나지 않습니다. 또한, 마우스 클릭으로 표를 선택할 수 없습니다.
- 라벨 이름표로 사용된 표는 [선 종류]가 '없음'으로 설정되어 있습니다. 각 이름표를 구분하여 쉽게 편집할 수 있도록 [투명 선 보이기] 상태로 설정되어 있어 빨간색 점선으로 표시됩니다. 빨간색 점선은 편집 창에서만 보일 뿐 인쇄하면 나타나지 않습니다.

## ▶ 배경 이미지 삽입하기

**01** 모든 라벨 이름표에 배경 이미지를 한 번에 삽입해 보겠습니다. F5 키를 3번 눌러 표 전체를 선택하고 메뉴에서 [표 디자인(▦)] 탭-[표 채우기(🖌)]의 ▼-[다른 채우기]를 클릭합니다.

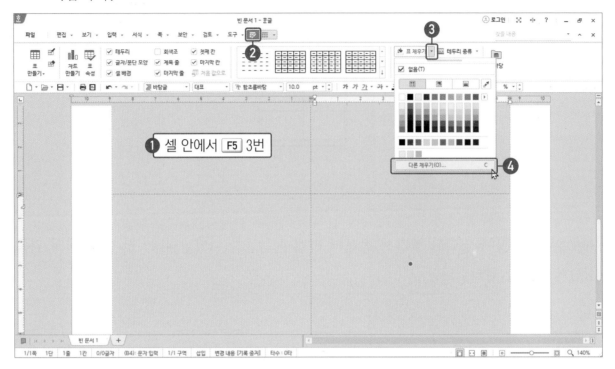

**02** [셀 테두리/배경] 대화상자가 나타나면 [배경] 탭의 [그림]을 클릭한 후 [그림 선택(📁)]을 클릭합니다.

잠깐

- [셀 테두리/배경]의 [배경] 탭 바로 가기 키는 C입니다.
- ❶의 [그림]을 클릭했을 때 바로 [그림 넣기] 대화상자가 나타날 수도 있습니다.

**03** [그림 넣기] 대화상자가 나타나면 '준비파일' 폴더에서 '배경2.png'를 선택하고 [열기] 버튼을 클릭합니다. [문서에 포함]이 체크되어 있는지 확인하고 [설정] 버튼을 클릭합니다.

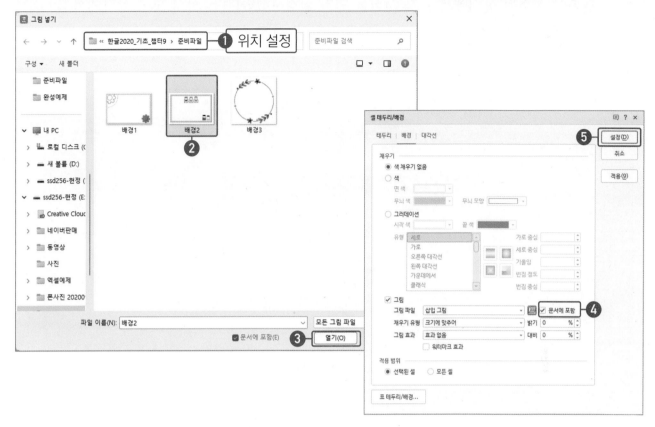

**04** 표 전체에 배경 그림이 삽입되었습니다.

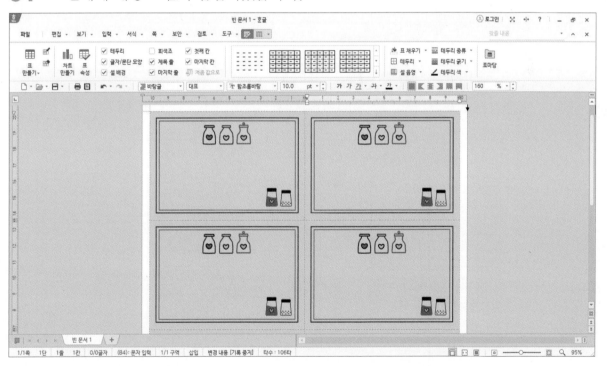

## ▶ 표 자동 채우기

**01** 블록이 설정된 상태에서 글자 서식을 먼저 설정하겠습니다. 서식 도구 상자에서 [글꼴]은
'HY울릉도B', [글자 크기]는 '14pt', [가운데 정렬(▤)]로 설정합니다.

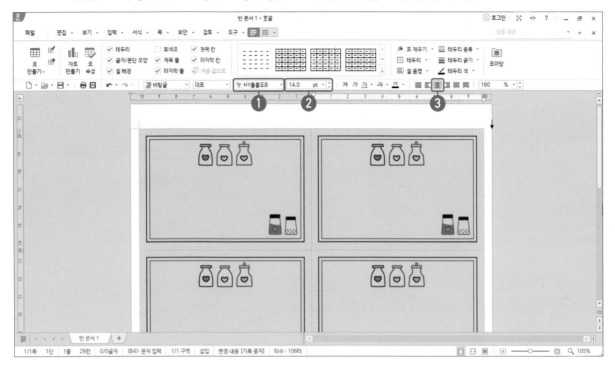

**02** 글자가 셀 중앙에 입력되도록 하기 위해 메뉴에서 [표 레이아웃(▦)] 탭–[내용 정렬(▤)]
–[세로 정렬]–[중간]을 클릭합니다.

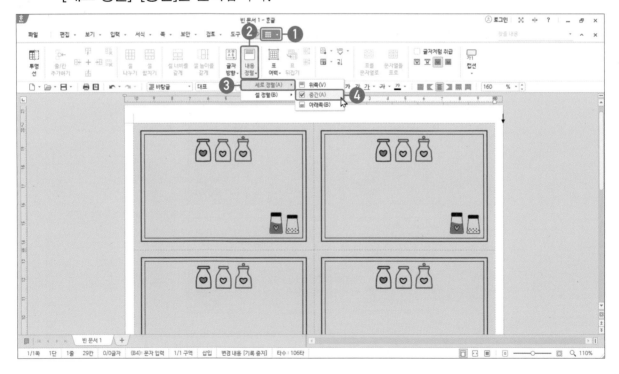

**03** Esc 키를 눌러 블록을 해제한 후 첫 번째 셀을 클릭해 '맛에 빠져 보아요:) 참기름'을 두 줄로 입력합니다.

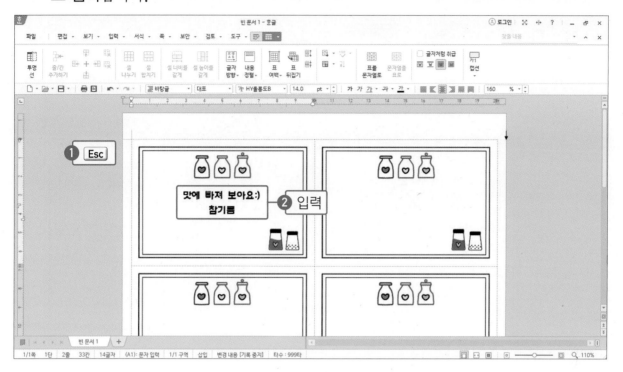

**04** '참기름'을 드래그해서 블록으로 설정한 후 [글자 크기]를 '32pt'로 설정합니다.

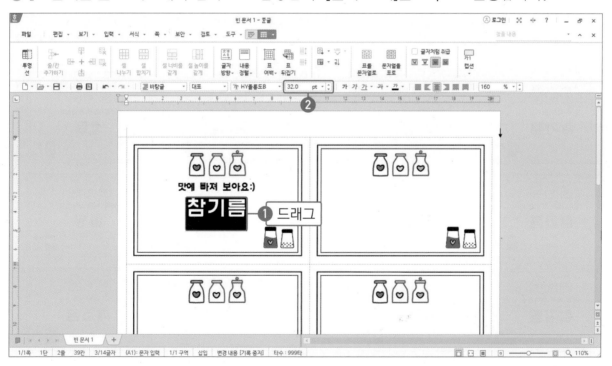

**05** 같은 내용을 표 전체에 반복적으로 넣기 위해 `F5` 키를 3번 눌러 표 전체를 블록으로 설정하고 [표 레이아웃(⊞)] 탭–[채우기(⬗ ⋅)]의 ▼–[표 자동 채우기]를 클릭합니다.

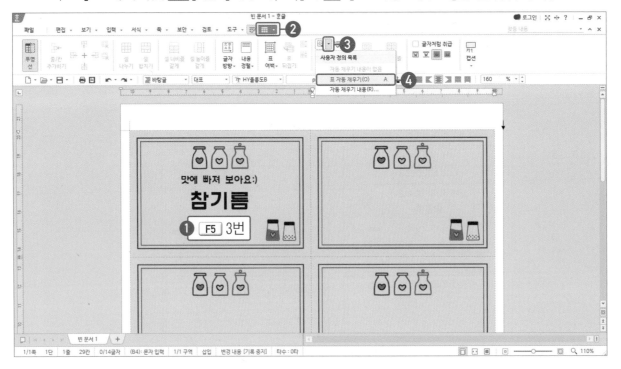

**06** 라벨 이름표 전체에 같은 내용이 채워진 것을 확인합니다. 그림과 같이 '참기름' 부분을 각각 수정하고 서식 도구 상자에서 [저장하기(日)]를 클릭하여 '수납 네임텍.hwp'로 저장해 봅니다.

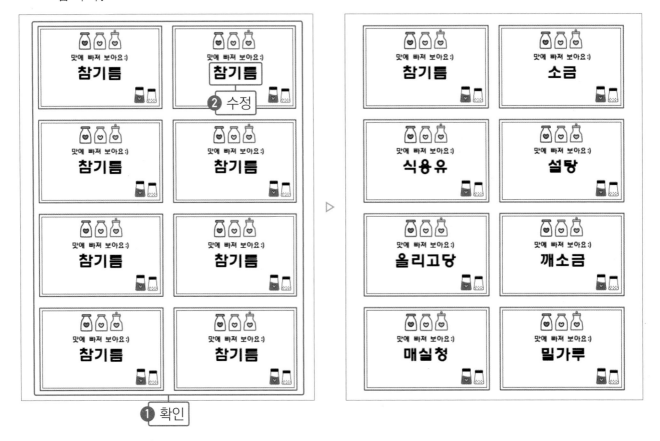

**01** 다음과 같은 라벨 문서를 만든 후 '감사인사 라벨.hwp'로 저장해 봅니다.

준비파일 배경3.png

- 쪽 – 라벨 문서 만들기 : Formtec Standard의 3640 – 분류원형라벨(12칸)
- 표 채우기 – 그림으로 채우기 : 배경3.png
- 텍스트 : 한 학기 동안 수고하셨습니다. 감사합니다.
- 글꼴 : 한컴 백제 B
- 글자 크기 : 20pt, 가운데 정렬

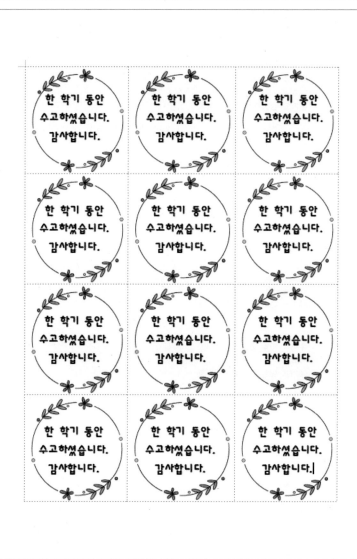

- [표 레이아웃(▦)] 탭–[내용 정렬(☰)]–[세로 정렬]–[중간]
- 표 자동 채우기 : A 키

**02** 다음과 같은 라벨 문서를 만든 후 '주소라벨.hwp'로 저장해 봅니다.

- 쪽 – 라벨 문서 만들기 : Formtec A4 size의 2108 – 주소라벨(14칸)
- 글꼴 : 한컴 돋움
- 글자 크기 : 14pt

| 보내는 사람 홍길동<br>12284<br>경기도 남양주시 다산지금로 | 보내는 사람 홍길동<br>12284<br>경기도 남양주시 다산지금로 |
|---|---|
| 보내는 사람 홍길동<br>12284<br>경기도 남양주시 다산지금로 | 보내는 사람 홍길동<br>12284<br>경기도 남양주시 다산지금로 |
| 보내는 사람 홍길동<br>12284<br>경기도 남양주시 다산지금로 | 보내는 사람 홍길동<br>12284<br>경기도 남양주시 다산지금로 |
| 보내는 사람 홍길동<br>12284<br>경기도 남양주시 다산지금로 | 보내는 사람 홍길동<br>12284<br>경기도 남양주시 다산지금로 |
| 보내는 사람 홍길동<br>12284<br>경기도 남양주시 다산지금로 | 보내는 사람 홍길동<br>12284<br>경기도 남양주시 다산지금로 |
| 보내는 사람 홍길동<br>12284<br>경기도 남양주시 다산지금로 | 보내는 사람 홍길동<br>12284<br>경기도 남양주시 다산지금로 |
| 보내는 사람 홍길동<br>12284<br>경기도 남양주시 다산지금로 | 보내는 사람 홍길동<br>12284<br>경기도 남양주시 다산지금로 |

힌트

- [표 레이아웃(⊞)] 탭–[내용 정렬(▤)]–[세로 정렬]–[중간]
- 표 자동 채우기 : A 키

# 10  나도 이젠 문서 전문가

- 덧말 넣기
- 각주 설정하기
- 머리말/꼬리말

- 빠른 내어쓰기
- PDF로 저장하기

## 미/리/보/기

준비파일 : 공모전(입력).hwp, 사진1.jpg
완성파일 : 공모전.hwp

이번 장에서는 본문의 내용을 추가 설명할 때 사용하는 덧말과 각주를 추가하는 방법을 알아보겠습니다. 그리고 보고서 등 여러 쪽으로 구성된 문서를 만들 때 사용하는 머리말과 꼬리말을 추가하는 기능을 살펴보겠습니다. 문서를 전달할 때 많이 쓰이는 PDF 파일로 저장하는 방법도 소개합니다.

## ▶ 서식 설정하여 글 작성하기

**01** 한글을 실행하고 서식 도구 상자에서 [글자 크기]를 '13pt'로 설정한 후 다음처럼 **입력합**니다.

---

시로 물들이다

디카시가 소셜 미디어 환경 속에서 누구나 창작하고 누릴 수 있는 새로운 詩(시) 놀이로서 한국을 넘어 전 세계로 확대되고 있는 가운데 디카시 공모전을 아래와 같이 개최하고자 합니다. 많은 관심과 부탁드립니다.

□ 접수기간 : 2023. 6. 1.(목) ~ 8. 31.(목) 18:00까지
□ 응모자격 : 전국 학생 및 성인 일반
□ 공모주제 : 풍경, 전통 생활 모습 등을 담은 직접 촬영한 사진과 5행 이내의 시적 문장(창작)으로 이루어진 디카시
□ 접수방법 : 홈페이지 참고
□ 결과발표 : 홈페이지 게시 및 개별 통지
□ 시상내역

| 구분 | 부문 | 시상인원 | 부상 | 계 |
|---|---|---|---|---|
| 대 상 | - | 1명 | 100만원과 상장 | |
| 최우수상 | 일반 / 학생 | 각 2명 | 각 50만원과 상장 | |
| 우 수 상 | 일반 / 학생 | 각 5명 | 각 30만원과 상장 | 65명 |
| 장 려 상 | 일반 / 학생 | 각 10명 | 각 10만원과 상장 | |
| 입 선 | - | 30명 | 5만원과 상장 | |

- 작품 수와 수준에 따라 시상 인원은 변경될 수 있습니다.

꿈꾸는 시대인

---

## ▶ 덧말 넣기

덧말은 본문에서 인용한 자료의 출처를 밝히거나 본문에서 언급한 내용에 대한 간단한 보충 자료를 제시할 때 본말의 위나 아래에 넣은 말입니다.

**01** 제목 '시로 물들이다'를 드래그해 블록으로 설정한 후 [글꼴]은 '한컴 솔잎 B', [글자 크기]는 '24pt', [글자 색]은 '초록', [가운데 정렬(▤)]로 설정합니다.

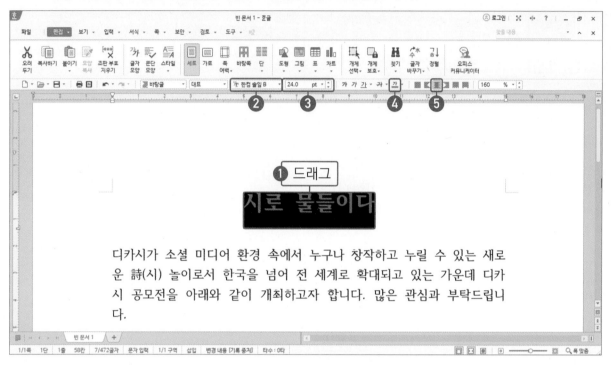

**02** 덧말을 넣기 위해 메뉴에서 [입력] 탭의 ▼-[덧말 넣기]를 클릭합니다.

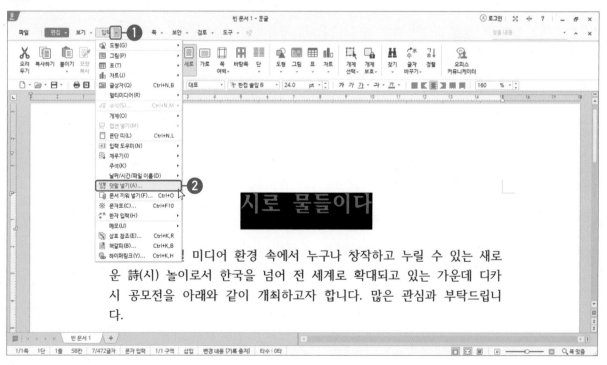

**03** [덧말 넣기] 대화상자가 나타나면 [덧말]에 '디카시 공모전'을 입력한 후 덧말 위치에서 '위'가 선택된 것을 확인하고 [넣기] 버튼을 클릭합니다.

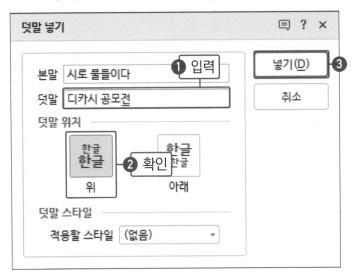

**04** 제목 위에 덧말이 추가된 것을 확인합니다.

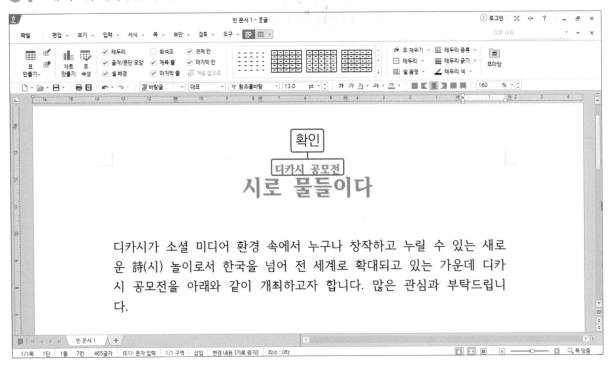

## ▶ 머리말/꼬리말 넣기

머리말은 문서의 상단에, 꼬리말은 하단에 표시되며 여러 페이지로 구성된 문서에 [머리말/꼬리말]로 삽입한 내용이 쪽마다 고정적으로 반복 표시됩니다.

**01** 문서에 머리말을 삽입하기 위해 메뉴에서 [쪽] 탭–[머리말(圖)]–[머리말/꼬리말]을 클릭합니다. [머리말/꼬리말] 대화상자가 나타나면 종류는 '머리말', 위치는 '양쪽'으로 기본 설정되어 있는지 확인하고 [만들기] 버튼을 클릭합니다.

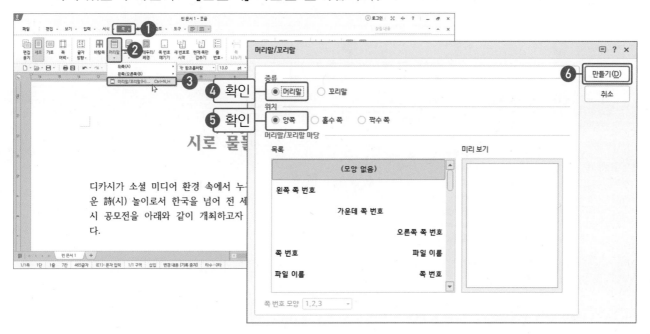

**02** 머리말 입력 창이 나타나면 [글꼴]은 '한컴 윤고딕 230', [글자 크기]는 '10pt', [글자 색]은 '주황'으로 설정한 후 '예술의 일상화, 일상화의 예술'을 입력합니다. [닫기(圖)]를 클릭해 본문 편집 창으로 돌아옵니다.

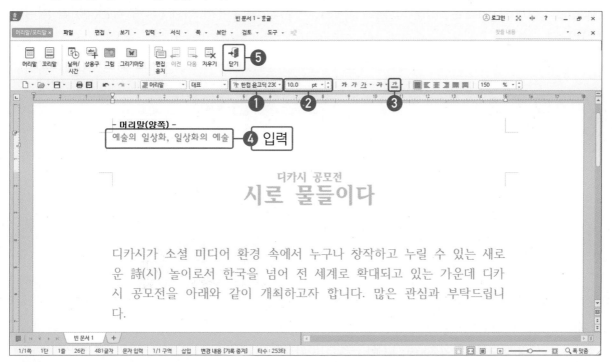

- 머리말 입력 창에서 Shift + Esc 키를 누르면 편집 창으로 돌아갑니다.
- 머리말을 수정하려면 머리말 영역을 더블 클릭합니다.

## ▶ 그림 삽입하고 여백 설정하기

**01** 그림을 삽입하기 위해 메뉴에서 [편집] 탭-[그림(▦)]을 클릭합니다. [그림 넣기] 대화상자가 나타나면 '준비파일' 폴더에서 '사진1.jpg' 파일을 선택한 후 [열기] 버튼을 클릭합니다.

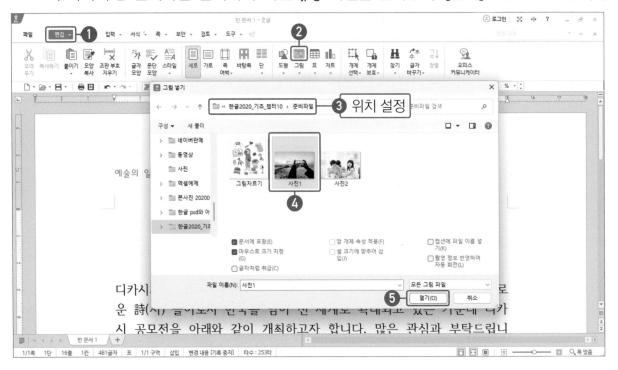

**02** 드래그해서 그림을 배치한 후 [그림(▦)] 탭의 기본 도구 상자에서 [너비(□)]는 '46mm', [높이(▯)]는 '30mm', [어울림(▦)]으로 설정합니다. 여백을 설정하기 위해 [그림 속성(☞)]을 클릭합니다.

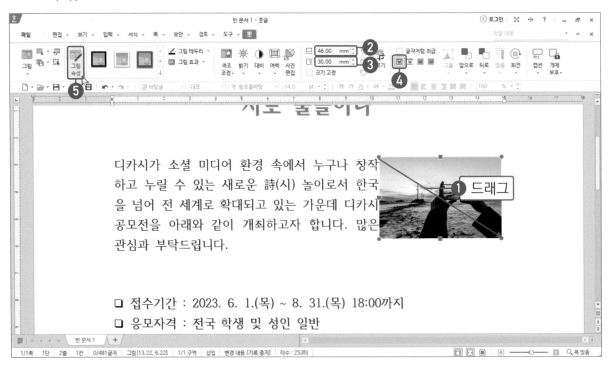

**03** [개체 속성] 대화상자가 나타나면 [여백/캡션] 탭을 클릭하고 바깥 여백에서 [왼쪽]을 '3mm'로 설정한 후 [설정] 버튼을 클릭합니다.

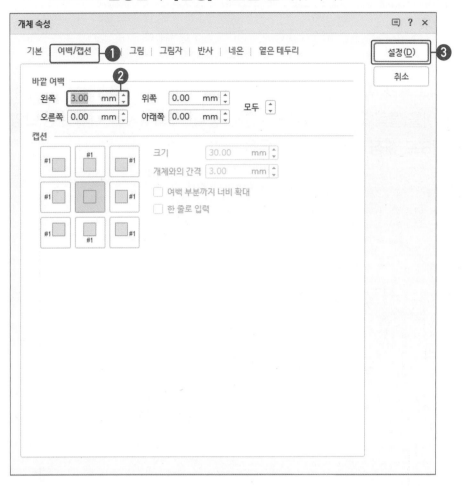

**04** 텍스트와 사진 사이의 여백이 설정된 것을 확인합니다.

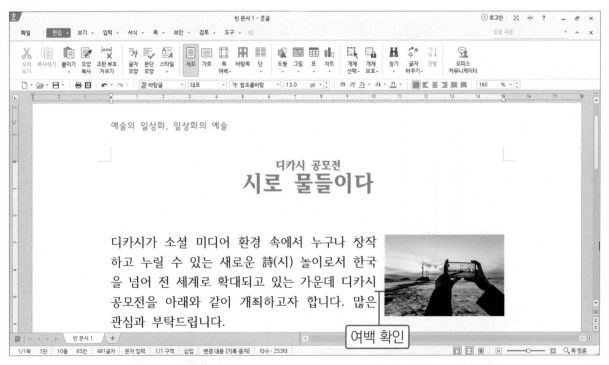

**문단 장식과 각주 추가하기**

## ▶ 문단 첫 글자 장식하기

**01** 문단의 첫 글자를 크게 강조하기 위해 적용할 문단에 커서를 위치시킨 후 메뉴에서 [서식] 탭-[문단 첫 글자 장식(갤)]을 클릭합니다. [문단 첫 글자 장식] 대화상자가 나타나면 모양 에서 '2줄', [글꼴]은 'HY강B'로 설정한 후 [설정] 버튼을 클릭합니다.

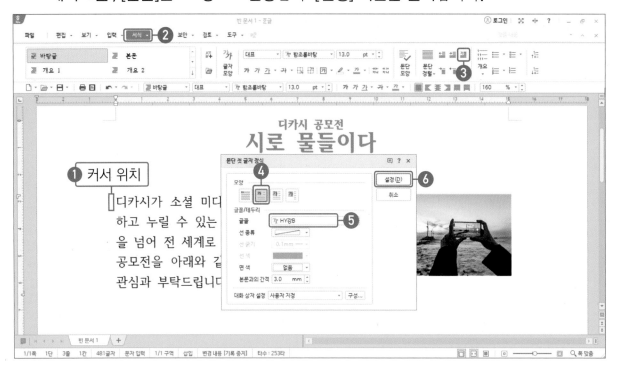

 문단에 블록을 설정한 상태에서는 [문단 첫 글자 장식]을 실행할 수 없습니다.

**02** 문단 첫 글자 장식이 적용된 것을 확인합니다.

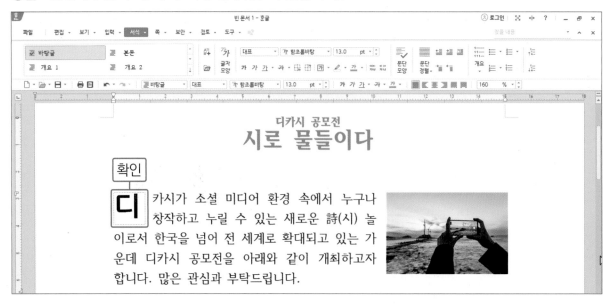

## ▶ 각주 추가하기

**01** 본문 내용에 대한 보충 설명을 삽입하기 위해 '디카시' 단어 뒤에 커서를 위치시키고, 메뉴에서 [입력] 탭-[각주(📋)]를 클릭합니다.

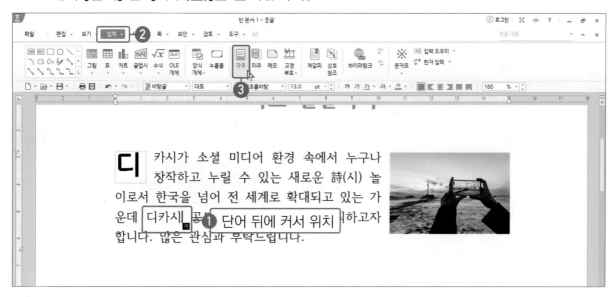

**02** 문서 하단에 '1)'과 같은 각주 번호가 나타나면 다음 각주 내용을 입력한 후 [닫기(↩)] 버튼을 클릭해 본문 편집 창으로 되돌아옵니다.

> **각주 내용**
> 디지털카메라와 시의 합성어로 디지털카메라로 찍은 사진과 함께 5행 이내의 문자로 표현한 시

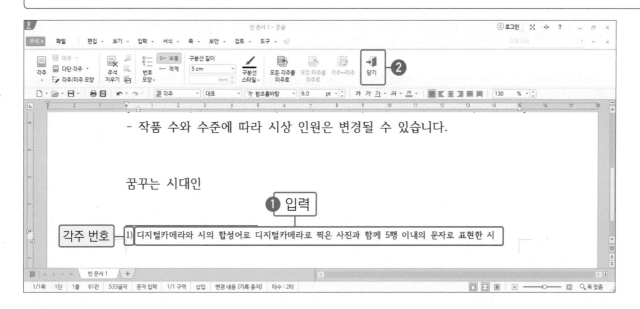

- [각주]를 실행하면 커서가 있던 본문에 각주 번호가 매겨지고, 커서는 각주 내용이 입력될 위치로 이동됩니다.
- 각주 내용을 수정하려면 수정할 부분을 클릭하면 됩니다. 본문에서 각주 번호를 지우면, 그 번호에 해당되는 각주 내용도 함께 지워집니다.

## ▶ 빠른 내어 쓰기

**01** 내용이 여러 줄로 이어질 때 첫 줄의 위치에 맞추어 빠른 내어 쓰기를 할 수 있습니다. 빠른 내어 쓰기를 적용하기 위해 '**풍경**' 앞에 커서를 두고, [Shift] + [Tab] 키를 누르면 이어지는 아래 줄의 글자 위치가 '풍경'의 위치에 맞춰 정렬됩니다.

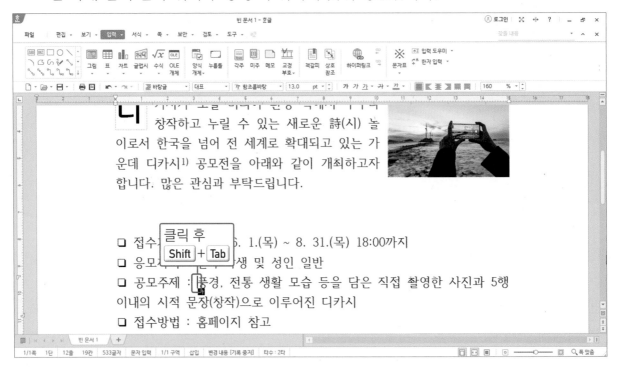

**02** 빠른 내어 쓰기가 적용된 것을 확인합니다.

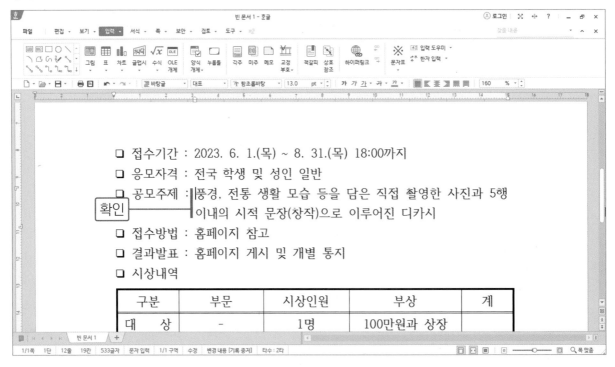

## ▶ 글자 서식 설정하기

**01** 글자 서식을 적용하기 위해 '꿈꾸는 시대인'을 드래그하여 블록으로 설정한 후 [글꼴]은 'HY강B', [글자 크기]는 '24pt', [오른쪽 정렬(▤)]로 설정합니다.

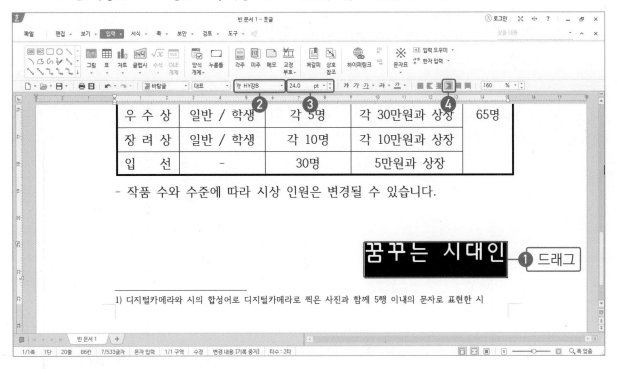

**02** 완성된 문서를 확인한 후 서식 도구 상자에서 [저장하기(▤)]를 클릭해 '공모전.hwp'로 저장해 봅니다.

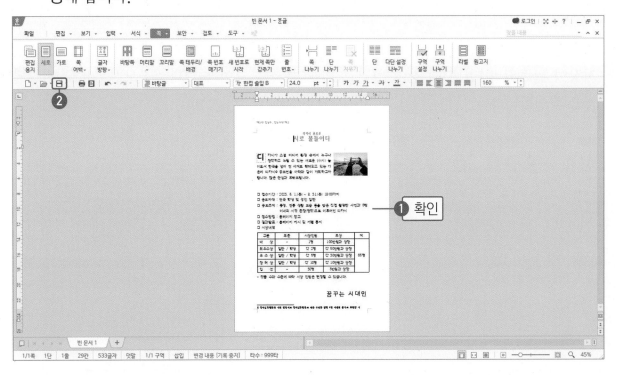

# PDF 문서로 저장하기

PDF 문서는 원본 문서의 글꼴, 이미지, 문서의 형태 등이 어떤 환경에서든 변하지 않고 유지되어 다른 사람에게 문서를 전달할 때 많이 이용됩니다.

**01** 한글 문서를 PDF로 저장하기 위해 메뉴에서 [파일] 탭–[PDF로 저장하기]를 클릭합니다. [PDF로 저장하기] 대화상자가 나타나면 저장할 위치와 파일 이름을 확인한 후 [저장] 버튼을 클릭합니다.

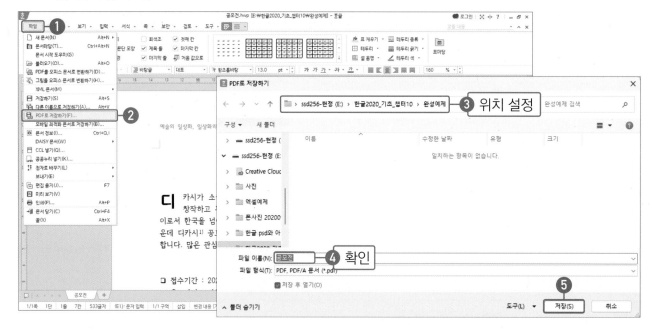

**02** 저장이 완료되면 [한PDF] 창이 열리고 PDF 문서를 보여 줍니다. '공모전.pdf'로 저장된 것을 확인합니다.

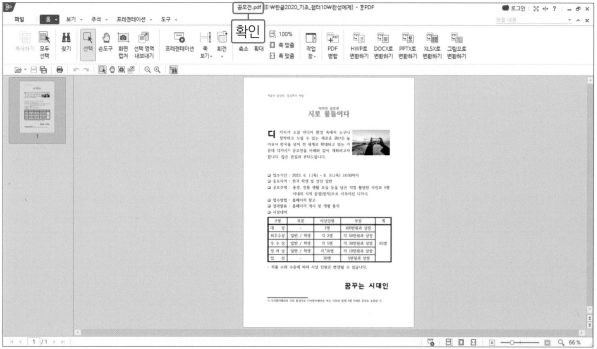

## 인쇄 대화상자에서 PDF 저장하기

❶ 서식 도구 상자에서 [인쇄(🖨)]를 클릭합니다. [인쇄] 대화상자가 나타나면 프린터 선택에서 'PDF 저장'을 선택하고 [인쇄] 버튼을 클릭합니다.

❷ [다른 이름으로 PDF 저장] 대화상자가 나타나면 저장 위치를 설정한 후 [저장] 버튼을 클릭합니다. [한컴 PDF] 대화상자가 나타나고 변환이 완료되면 [열기] 버튼을 클릭합니다.

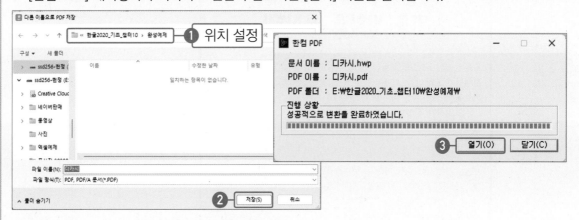

❸ 뷰어 창이 나타나고 PDF 문서를 보여 줍니다(PDF 뷰어 창은 사용자의 컴퓨터 설정에 따라 달라질 수 있습니다).

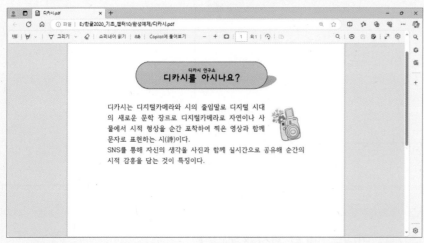

▲ PDF 문서가 Microsoft Edge에서 열린 모습

**01** '준비파일' 폴더에서 '안내문(입력).hwp' 파일을 불러와 아래처럼 문서를 변경한 후 '안내문.hwp'로 저장해 봅니다.

준비파일 안내문(입력).hwp, 사진2.jpg

- 제목 : 1줄 – MD개성체, 16pt, 가운데 정렬, 2줄 – 한컴 백제 B, 32pt, 하늘색
  3줄 – 한컴 백제 B, 32pt, 하늘색 25% 어둡게
- 본문 : 함초롬바탕, 14pt
- 그림 : '사진2.jpg', 45×35mm, 왼쪽 여백 3mm,
- 표 스타일 : 보통 스타일 1–노란 색조
- 시대인 아트센터 : 한컴 백제 B, 24pt, 오른쪽 정렬
- 꼬리말 : 함초롬돋움, 진하게
- 쪽 테두리/배경 : 실선, 1mm, 하늘색

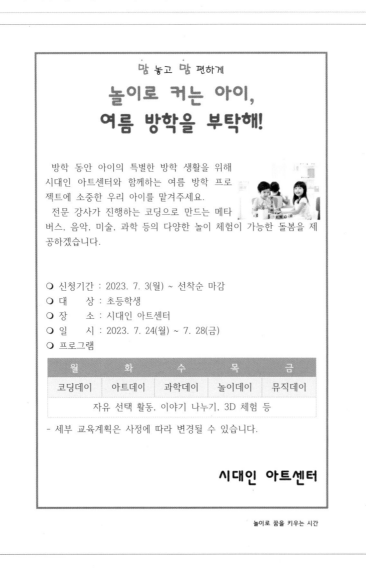

**02** 문제 **01**에서 만든 문서를 '안내문.pdf'로 저장해 봅니다.

**할 수 있다!**
# 한글 2020 기초

| | |
|---|---|
| 초 판 발 행 | 2024년 3월 15일 |
| 발 행 인 | 박영일 |
| 책 임 편 집 | 이해욱 |
| 저 자 | 김현정 |
| 편 집 진 행 | 윤은숙 |
| 표 지 디 자 인 | 김도연 |
| 편 집 디 자 인 | 김지현 |
| 발 행 처 | 시대인 |
| 공 급 처 | (주)시대고시기획 |
| 출 판 등 록 | 제 10-1521호 |
| 주 소 | 서울시 마포구 큰우물로 75 [도화동 538 성지 B/D] 6F |
| 전 화 | 1600-3600 |
| 홈 페 이 지 | www.sdedu.co.kr |

| | |
|---|---|
| I S B N | 979-11-383-6763-9[13000] |
| 정 가 | 12,000원 |

시대인은 종합교육그룹 (주)시대고시기획 · 시대교육의 단행본 브랜드입니다.